KB202281

거절할 수 없는
제안

THE IRRESISTIBLE OFFER

How to Sell Your Product or Service in 3 Seconds or Less

by Mark Joyner

THE IRRESISTIBLE OFFER

3초 안에 고객의 마음을 사로잡는
가장 간단하고 강력한 방법

거절할 수 없는
제안

마크 조이너 지음
임정재 옮김

황금나침반

추천의 글

• 나는 지난 150년 동안에 출간된 마케팅 서적이란 서적은 읽지 않은 것이 없다. 이 책이야말로 그 중에서 가장 뛰어난 서적이라고 감히 말한다. 반드시 소장해야 할 걸작임에 틀림없다.　　　　-조 비테일, 『The Attractor Factor』의 저자

• 마크 조이너는 마케팅의 천재다. 『거절할 수 없는 제안』은 다른 마케팅 서적에서는 좀처럼 찾아볼 수 없는, 고객의 마음을 사로잡아 당신의 제안을 거절할 수 없게 만드는 비결을 매우 쉽고 간단하게 설명하고 있다.
　　　　-톰 우드, 〈Mastery Media, inc.〉의 CEO

• 현재까지 이처럼 중요하지만 간과되어 온 주제를 전문적으로 다룬 서적은 없었다. 마크 조이너는 마케팅 심리학과 과학을 바탕으로 거절할 수 없는 제안을 하는 기술을 완벽하게 정리해서 누구나 손쉽게 이해할 수 있도록 한다.
　　　　-조 슈거맨, 〈BlueBlocker Corporation〉의 회장

• 내가 배워야 할 현대 마케팅의 천재를 꼽으라고 한다면 주저 없이 마크 조이너를 선택할 것이다. 비즈니스에서 성공하고 싶다면 반드시 이 책을 읽어라.
　　　　-랜디 길버트, 〈The Inside Success Show〉의 사회자

• 3초 안에 판매를 할 수 있다니? 하지만 분명 가능하다! 마크 조이너는 당신을 성공으로 이끌어 줄 '거절할 수 없는 제안'의 비법을 보여준다. 경쟁자들이 이러한 정보를 얻기 전에 당신이 한 발 앞서 이 책을 읽어라.
　　　　-켄릭 클리블렌드, 『Maximum Persuasion』의 저자

• 마크 조이너는 가장 성공한 인터넷 마케터로 꼽힐 뿐만 아니라 정직의 가치를 진정으로 알고 있는 마케팅 구루이다. 『거절할 수 없는 제안』은 중요하지만

자주 간과하고 있는 마케팅 카피라이팅에 대해 새롭게 눈뜨게 해줄 것이다.

–셀 호로비츠, 『Marketing That Puts People First』의 저자

• 『거절할 수 없는 제안』은 믿을 수 없을 정도로 뛰어난 책이다. 마케팅을 이론적으로 다룬 책은 무수히 많다. 하지만 『거절할 수 없는 제안』은 실제로 엄청난 수익을 가져온, 실질적인 결과에 기반한 전략을 보여준다.

–손 케이시, 『Mining Gold on the Internet』의 저자

• 비즈니스에 종사하지 않는 사람이라 하더라도 이 책에 나오는 내용을 얼마든지 자신의 삶에 적용할 수 있다. 『거절할 수 없는 제안』은 모든 면에서 동기를 제공하고 있다. 지금 당장이라도 당신의 삶을 변화시켜 줄 이 책을 읽어라.

–샘 헤이어, 〈Magga Marketing inc.〉의 회장

• 『거절할 수 없는 제안』은 당신의 비즈니스는 물론 삶을 변화시켜 줄 대단히 뛰어난 서적이다. 이 책이 제시하는 조언을 그대로 따른다면 당신의 제품이나 서비스를 구매하려고 안달이 난 고객들이 끊임없이 몰려들 것이다. 『거절할 수 없는 제안』은 최고의 비즈니스 교과서가 될 것이다.

–리처드 웹스터, 『Seven Secrets to Sucess』의 저자

• 마크 조이너는 『거절할 수 없는 제안』을 통해 우리에게 마케팅 퍼즐에서 없어진 부분을 알려주고 있다. 이 책은 마케팅 프로세스에 대한 깊은 통찰을 바탕으로 엄청난 부를 실현할 수 있는 방법과 성공을 거둔 업계 거인들의 사례를 보여주고 있다. 페이지를 넘길 때마다 탄성을 지르게 될 것이다.

–스카이 & 제이 맹그럼, 〈The World's First Manifestation Software〉의 창업자

차례

서문
21세기 마케팅의 새로운 대안

마케팅이 전 세계를 뒤흔들고 있다는 다소 무모한 주장이 제기될 만큼 마케팅의 위력은 점점 더 커지고 있다. 시간이 지날수록 마케터들은 인간의 원초적 본능에 호소하거나 인간의 약점을 이용하는 것만큼 서비스나 제품을 판매하는 데 손쉬운 방법은 없다는 사실을 알게 되었다.

이를테면 잠재 고객이 논리적인 구매 결정을 하도록 유도하거나, 유익한 제품이나 서비스를 선택하도록 고객에게 정보를 제공하기보다는, 자신들이 제공하는 제품이나 서비스를 선택해야만 행복한 삶을 누릴 수 있으며, 매력적인 이성에게도 쉽게 다가갈 수 있다고 호도하는 것이다. 이는 마케터들이 일반적인 소비자들을 비논리적 구매 결정으로 이끌기 위해 사용하는 많은 요령들 가운데 하나이다.

대다수의 평범한 사람들은 전혀 필요하지 않은, 때로는 노골적으로 해가 되는 제품을 구매함으로써 손해를 보는 경우가 자주 있다. 이렇게 일반적인 소비자들이 구매로 인해 손해를 봄으로써 소비자의 가치는 점차 떨어졌다.

매일같이 이기심, 천박함, 탐욕이야말로 소비자가 추구해야 할 이상이라고 말하는 마케팅 메시지에 시달리다 보면, 소비자들은 정확하고 올바른 선택에 따라 삶을 영위해 나가야 한다는 사실을 잊기 쉽다.

이 책은 그런 과거의 마케팅 방법에 대해 대안을 제시한다. 나는 지금도 비즈니스는 상당히 수익성이 높은 영역이고, 여전히 성실과 정직을 바탕으로 운영되고 있다고 굳게 믿고 있다. 나는 마케팅 커뮤니티가 일반인들에게 가하는 엄청난 정신적 고문을 조금이나마 덜어 줄 목적으로, 또한 비즈니스에 종지부가 찍히는 걸 막기 위해 이 책을 저술했다.

과거와는 달리 인터넷을 통해 스스로 많은 정보를 습득할 수 있기 때문에 소비자들은 과거의 마케팅 방법에 대해 점점 인내심을 잃어 가고 있다. 마케터들이 맞서야 할 가장 위협적인 적은 바로 기존의 마케팅 방법에 단단히 화가 나 있고, 교육 수준이 한층 높아진 소비자들이다.

조만간 비즈니스를 하는 사람들은 대안을 찾느라고 바빠질 것이다. 이 책에서 나는 당신이 반드시 필요로 할 대안을 제시하고자 한다. 이 마케팅 방법을 토대로 한다면 당신은 잠재 고객의 마음을 움직여 3초 안에 거래를 성사시킬 수 있다.

나는 이 방법을 '거절할 수 없는 제안'이라고 명명했는데, 당신이 자신의 비즈니스에 즉시 적용해서 놀라운 효과를 볼 수 있도록 이에 대해 자세히 다룰 것이다. 이 책은 새롭게 모습을 드러내는 21세기 비즈니스 전쟁터에서 살아남기 위해 반드시 읽어야 할 생존 지침서가 될 것이다.

세일즈맨들은 말할 것도 없고 일반 독자들도 이 책에서 상당한 이익을 얻을 수 있을 것이라고 확신한다. 부록 A '3초 안에 자신을 팔기'에서는 이러한 기술을 삶의 모든 영역에 적용할 수 있는 비결을 설명할 것이다. 또한 마케팅 윤리를 지켜 나가면서도 다양한 정보를 이용해 제품이나 서비스를 판매하는 방법과 현재와는 비교되지 않을 정도로 뛰어난 판매 성과를 올릴 수 있는 비결도 자세하게 살펴볼 것이다.

똑딱,

똑딱,

똑딱,

3초가 지나간다.

당신은 이 짧은 3초 안에

고객의 마음을 사로잡아야 한다.

3초 안에 고객을 사로잡기

똑딱.

똑딱.

똑딱.

하루 24시간을 초로 환산하면 86,400초가 된다. 하지만 마케팅 담당자들이 잠재 고객의 마음을 사로잡는 데에는 정확히 3초의 시간만이 필요할 뿐이다.

복잡한 현대 사회에서 사람들은 점차 참을성을 잃어 가고 있다. 그러므로 마케터들이 고객의 귀중한 시간을 빼앗는다는 것은 어찌 보면 무례한 행동이라고 할 수 있다.

사실 소비자들은 하루에도 수없이 많은 마케팅 메시지에 시달리고 있다. 그들이 이 같은 메시지에 일일이 대꾸를 한다면 아마도 그들의 생활 전선은 마비될 지경에 이를 것이다. 따라서 오늘날의 소비자들은 꼭 필요한 메시지만을 신속하게 선택해야 하는 상황에 처해 있다.

이러한 사실을 알고 있는 마케터라면 자신에게 3초를 할애해 주는 소비자들이 얼마나 관대한지를 염두에 두어야 한다. 그 짧은 3초 동안에 판매가 이루어지고, 중요한 거래가 성사되며, 엄청난 성공이 이루어진다. 그렇다면 당신은 이토록 중요한 3초 동안에 무엇을 어떻게 해야 할까? 3초의 소중함을 절실하게 느끼고 있는가?

답변을 하기에 앞서 잠시 생각해 보라. 비즈니스 세계에 종사하고 있는 사람들 중에 99.6퍼센트가 이 중요한 3초 동안에 무엇을 해야 할지를 모르고 있다.

그러나 이제 걱정은 훌훌 떨쳐 버려라. 당신이 무엇을 해야 하는지는 이 책이 확실하게 알려 줄 것이다.

chapter 1

성공의 세계로 통하는 마법의 창

신비한 마법의 창을 가지고 있다면 어떤 일이 벌어질까? 마법의 창을 통해 사물을 보면 거짓되고 잘못된 것은 모두 사라지고, 오직 아름답고 진실된 형상만이 남게 된다.

이 같은 마법의 창을 통해 비즈니스 세계를 들여다볼 수 있다면, 세계적인 갑부인 빌 게이츠나 도널드 트럼프의 부와 견줄 만한 부를 쌓는 데에는 과연 어느 만큼의 시간이 걸릴까?

아마 모든 잘못된 이론과 아이디어는 사라질 것이고, 잘못된 행동은 나올 수 없을 것이다. 따라서 마법의 창을 가진 당신은 수익성이 높고, 옳고, 좋은 일만을 생각하고 수행하게 될 테니, 실패할 확률이 전혀 없다. 또한 비즈니스를 하면서 접하게 되는 온갖 잘못된 이론과 아이디어를 분별할 수 있어 올바른 행동만을 하게 될 것이다.

당신은 마법의 창을 가지고 싶은가? 이 책에서 지금부터 소개하려고 하는 간단한 개념을 이해한다면 누구나 비즈니스 세계에서 이 같은 마법의 창을 가지게 될 것이다. 여기서 말하는 간단한 개념이란 바로 '거절할 수 없는 제안'이다. 이 개념을 숙지한다면 당신은 반드시, 그리고 계속해서 발전해 나갈 것이다.

그럼, 이제부터 '거절할 수 없는 제안'에 대해 알아보기로 하자.

chapter2

비즈니스의 핵심 규칙

지금부터 살펴볼 비즈니스의 핵심 규칙은, 우리가 살아가면서 수행하는 모든 행위의 핵심 규칙과도 일맥상통한다. 하지만 여기에서는 비즈니스에 초점을 맞춰 제품이나 서비스 또는 아이디어가 잠재 고객의 마음속을 파고들어 그들로 하여금 그 자리에서 즉시 그것을 구매하게 만드는 매우 효율적인 마케팅 방법을 중심으로 설명하고자 한다.

비즈니스의 핵심 규칙이란 무엇인가?

비즈니스에서 가장 필요한 것은 무엇인가?

절대로 없어서는 안 될 그 무엇이란 대체 어떤 것인가?

그것은 명함이 아니다.

그것은 사무실이 아니다.

그것은 첨단 기술이 아니다.

심지어 그것은 제품도 아니다.

그렇다면 무엇이란 말인가?

비즈니스의 핵심 규칙은 인류가 서로 거래를 시작할 때부터 존재해 왔다. 아득히 먼 옛날, 동굴에서 생활하던 선사 시대 사람들이 곤봉과 코끼리 가죽을 거래할 때로 돌아가서 생각해 보자.

인류의 초기부터 이루어진 모든 비즈니스는 단 하나의 단어로 귀결될 수 있다. 바로 제안이다. 퀴드 프로 쿠어(quid pro quo, 주는 만큼 받는다)인 것이다. 모든 거래는 하나를 주어야 다른 하나를 얻을 수 있다.

아이스크림 가게에서 고객에게 제안하는 것은 무엇인가?

아이스크림 값을 내면, 달콤하고 시원한 기분을 느끼게 해줄 것이다!

은행에서 제안하는 것은 무엇인가?

예금을 하면 그것에 대한 이자를 지불할 것이다!

정부에서 제안하는 것은 무엇인가?

세금을 내면 당신을 안전하게 지켜 줄 것이다!

병원과, 양복점과, 식당은?

그들 역시 하나같이 제안을 한다.

비즈니스는 제안이 이루어지기 전까지는 아무것도 아니다. 제안이 없다면 시작도 할 수 없다. 그렇다면 비즈니스의 핵심 규칙이란 너무나도 간단하지 않은가.

그것은 바로 '제안을 하라'는 것이다. 이에 대해 지나치게 단순화하는 것이 아니냐고 이의를 제기하는 사람들도 있을 것이고, 홍보나 광고, 시장 조사 및 소비자 집단의 가치를 과소평가하고 있다고 말하는 사람들도 있을 것이다.

나아가 그들은 '스테이크가 아니라 시즐^{sizzle}을 팔아야 한다'[*]고 말할 수도 있다.

그러나 비즈니스의 핵심 규칙을 파악하지 못하면 어떤 식으로 판매를 해도 후회와 불만에 차 있는 구매자의 마음을 위로할 길이 없다. 반대로 그것을 제대로 파악한다면 제품을 효율적으로 판매할 수 있을 뿐만 아니라, 영원한 자신의 고객을 얻게 될 것이다.

이렇게 중요한 핵심 규칙은 다음 장에서 살펴볼 '4가지 핵심 질문'으로 전환된다.

---

* Sell the Sizzle, not the Steak : 시즐은 고기를 구을 때 나는 지글지글 하는 소리이다. '스테이크가 아니라 시즐을 팔아야 한다'는 것은 제품을 팔 때 그 제품 자체의 장점보다는 제품을 사용하면서 느끼게 되는 만족감(분위기, 청결, 편리함, 건강 등)을 자극할 때 고객에게 보다 쉽게 다가갈 수 있다는 뜻이다.

chapter 3

4가지 핵심 질문

    자기 자신이 주변에 많은 영향을 주고 있다고 생각하고 남들보다 우월하다고 만족할 때조차도 우리의 의식은 두려움과 회의, 불안감에 사로잡혀 있다. 잘난 척하고 자존심이 매우 강한 사람이라 할지라도 그 사람의 내면에서는 항상 무언의 대화가 이루어지고 있다.

    우리의 마음속에 자리 잡고 있는 두려움과 회의, 불안감이 조용히 이렇게 묻고 있다.

    사람들이 나를 미워하고 있는 것은 아닐까?

    내가 그런 말을 하다니. 어쩌면 그렇게 멍청한 말을 할 수가 있지?

그가 나를 사랑하고 있는 걸까?

이 바지를 입으면 뚱뚱해 보이지 않을까?

판매가 이루어지고 있는 동안에도 고객의 마음속에서는 끊임없이 무언의 대화가 이루어진다. 특히, 고객이 구매 결정을 할 때는 매우 특정한 내면 대화가 이루어진다. 이 무언의 내면 대화의 중요성을 가볍게 지나쳐서는 안 된다. 구매자가 어느 정도 편안함을 느끼고 있는지를 알지 못하면 판매는 상당히 어려워질 수 있기 때문이다.

더욱이 그럴 듯한 겉포장으로 구매자를 속여 물건을 판매할 경우에는 불만에 가득 찬 구매자가 걸핏하면 당신을 찾게 되어서 판매하지 않은 것보다도 오히려 못한 결과가 생기게 된다.

따라서 당신은 물건을 팔기에 앞서 먼저 고객의 내면 대화에 대해 이해하면서 다음의 '4가지 핵심 질문'에 답을 해야 한다. 4가지 핵심 질문은 곧 제품이나 서비스를 구매하려 할 때 잠재 고객의 마음속에서 이루어지는 내면 대화이기도 하다.

질문 1 : 당신이 지금 내게 판매하려고 하는 것이 무엇인가?

질문 2 : 그것은 얼마인가?

고객은 이 2가지 질문을 통해 "당신의 제안은 무엇인가?"라고 물어보고 있는 것이다. 그들은 마음속의 무언의 대화를 통해 당신이 적당한 가격에, 마음에 드는 품질의 제품을 제공하고 있는지 재차 확인한다.

5달러를 주면 주스 한 잔을 주겠다.

5천 달러를 주면 맹장 수술을 해주겠다.

100달러를 주면 나는 ○ ○ ○를 하겠다.

이러한 당신의 제안이 훌륭하거나 정당하지 않다면 멍청한 사람만이 그것을 받아들일 것이다. 따라서 고객의 눈을 속여 제품이나 서비스를 구매하도록 만든다면 그 고객은 오랫동안, 어쩌면 영원히 당신과 당신 기업의 제품이나 서비스를 찾지 않을 것이다. 이렇듯 모래 위에 터를 잡은 비즈니스는 오래 지속될 수 없다. 당신은 누군가를 속여 약간의 수익을 올릴 수는 있겠지만, 그런 일은 단 한 번으로 끝나고 말 것이다.

뛰어난 제안을 하는 비결을 알고 있는 전문가는 고객의 마음을 재빨리 사로잡은 다음, 고객과 판매를 권유하는 사람 모두가 만족할 때까지 꾸준히 노력한다. 바로 이것이 백만장자가 되는 지름길이다.

앞의 2가지 질문이 해결된 다음에도 잠재 고객의 마음속에는 확인해야 하는 또 다른 2가지 문제가 여전히 남아 있다.

질문 3 : 내가 왜 당신을 믿어야만 하는가?

이러한 질문은 구매자의 불안감이라는 문제로 직결된다. 겉으로는 대단해 보이는 제안이라도 문제점이 도사리고 있을 수 있기 때문이다. 다시 말해 지나치게 좋은 제안은 오히려 진실해 보이지 않을 수가 있다.

사람들은 자신이 만병통치약을 판매하는 돌팔이 약장수와 거래하고 있지 않다는 확신이 들 때 그제야 비로소 돈을 내어 준다. 다시 말해 고객이 신뢰를 하는 경우에만 제안은 제대로 통하는 법이다.

질문 4 : 그래서 내가 얻는 것은 무엇인가?

우리는 앞에서 '당신이 지금 내게 판매하려고 하는 것이 무엇인가?'라는 첫 번째 질문에 대해 살펴보았다. 그렇다면 첫 번째 질문과 네 번째 질문은 같은 것인가?

절대로 두 질문은 같지 않다. 고객이 네 번째 질문을 하는 이유는 자신이 어떤 이득을 누릴 수 있는지 알아보기 위해서이다. 제품을 구매한 소비자들이 진정으로 원하는 것은 '이득'이다. 영국의 최고급 자동차 벤틀리^{Bentley}를 구매한 사람은 고급 승용차를 소유했다는 특권을 원한다. 몸에 좋은 건강 음식을 찾는 사람은 더 높은 삶의 질을 원한다.

대부분의 마케터들은 이것을 반드시 답해야 하는 핵심 질문으로 보고 있다. 왜냐하면 소비자는 '이 물건이 나에게 아무런 이득도 주지 않는다면 굳이 아까운 시간을 소비해 가면서까지 당신의 말에 귀 기울여야 할 이유가 없는 거잖아'라고 생각하기 때문이다.

마케터들은 질문 4를 매우 중요하게 생각하기 때문에 이를

'WIIFM(What's in it for me?, 그래서 내가 얻는 것은 무엇인가?)'라고 줄여서 부른다. 그렇다고 이 질문에만 집중하는 것은 어리석은 일이다.

'스테이크가 아니라 시즐을 팔아야 한다'고 주장하는 사람들은 이때에도 '제품의 특징이 아니라 이익을 판매하라'고 말할 것이다. 그러나 이러한 접근 방법은 단기간에만 효과가 있을 뿐이다.

왜 그런가? '사람들은 감정에 따라 결정을 하고, 논리로 그것을 정당화한다'는 오랜 세월에 걸쳐 입증되어 온 자명한 원칙이 있다. 그러나 실제로 이 원칙을 4가지 질문에 적용해 보면 다른 결론에 도달하게 된다. 앞의 3가지 질문은 구매자의 논리에, 그리고 마지막 질문은 구매자의 감정에 호소하고 있다. 감정적인 결정만을 원한다면 바보 같은 고객을 원하는 꼴이 된다.

이런 자세는 당신에게 전혀 도움이 되지 않는다. 그러므로 4가지 질문과 답을 알고 있는 당신은 이제 단순한 제안이 아니라 거절할 수 없는 제안을 해야 한다.

그렇다면 거절할 수 없는 제안이란 무엇이고, 어떻게 해야 하는가? 간단하고도 효과적인 방법을 찾을 수 있을까?

당연하다. 당신은 그렇게 할 수 있을 뿐만 아니라, 지금보다 훨씬 더 많은 이익을 누릴 수 있다. 그리고 그 방법을 마케팅과 광고는 물론이고, 삶의 모든 영역에 적용한다면 보다 높은 효과를 볼 수 있을 것이다.

 3초 안에 자신을 알리고 싶을 때는 무슨 말을 어떻게 해야 할까? 만약 중요한 순간에 제대로 말하지 못한다면 어떻게 될까? 실제로 많은 사람들이 이로 인해 악몽을 겪고 있다.

그 일례를 살펴보자. 1980년, 테드 케네디는 민주당 대통령 후보 지명전에서 지미 카터 대통령 후보자와 경합을 벌이게 되었다. 케네디는 경선과 관련해서 CBS와 한 시간에 걸친 인터뷰를 했다.

이날의 인터뷰는 "왜 대통령이 되려고 합니까?"라는 간단한 질문으로 시작되었다. 이 질문은 케네디가 국민들에게 "저를 대통령으로 뽑아 주시면 국민 여러분에게 안전하고 행복한 삶을 보장해 드리겠습니다"라고 말할 수 있는 절호의 기회였다. 그런데 그는 너무 긴장해 그 어떤 말도 생각해 낼 수 없었다. 결국 국민들에게 아무런 제안도 하지 못한 케네디는 대통령은 물론, 민주당 후보조차 되지 못했다.

chapter 4
거절할 수 없는 제안이란 무엇인가

거절할 수 없는 제안이란 고객에게 투자에 대한 믿을 만한 이익을 명확하고 효과적으로 전달하여 제품이나 서비스 또는 기업의 정체성을 구축하는 제안을 말한다. 고객은 이러한 제안에 기꺼이 투자를 하게 된다.

어떤 상황에서든 거절할 수 없는 제안을 받은 사람은 자제할 수 없을 만큼의 강렬한 구매 욕구에 사로잡히게 된다. 그로 인해 당신은 독자적으로 손쉽게, 그리고 확실하게 상호 이익을 누리는 비즈니스를 할 수 있다.

거절할 수 없는 제안이 그토록 강력하고 역동적이라면 다수의 마케팅 서적은 왜 그것에 대해서 다루지 않았는지 의문이 생길

것이다. 사실, 나는 이 같은 주제를 다룬 마케팅 책을 읽은 적이
있다.

문제는 책 속에서 그것이 무엇인지 정확하고 구체적으로 밝히
지 못하고 있다는 점이다. 이렇게 말한다고 해서 이 분야에 있는
동료들을 폄하하려는 것은 절대 아니다. 자세히 살펴보면 기존의
책들에도 도움이 되는 조언이 꽤 들어 있고, 비즈니스를 하는 방법
과 관련해서 굉장히 뛰어난 이론들이 실려 있다.

하지만 당신이 비즈니스 접근 방식의 요체가 되는 거절할 수 없
는 제안으로 비즈니스를 시작하지 않는다면, 모든 멋진 이론을 멀
리한 채 세상의 흔한 마케팅 속임수로 허물어져 가는 오두막집을

 마케팅과 전혀 관련이 없는 작업을 가진 사람일지라도
한 번쯤은 어디에선가 판매와 관련된 적이 있었을 것이
다. 뿐만 아니라 우리는 고객, 상사, 연인, 심지어 가족에
게도 자기 자신을 판매해야 하는 경우와 자주 맞닥뜨리게 된다

이 책에서는 2가지 이유 때문에 비즈니스를 은유적으로 선택했
다. 거절할 수 없는 제안을 가장 일반적으로 적용시킨 것이 비즈니
스이고, 비즈니스는 누구나 쉽게 이해할 수 있기 때문이다. 사실상
매일같이 상당한 양의 광고를 접하면서 살고 있는 우리 모두는 광
고 전문가들이나 다름없다.

만약 자신의 판매를 목표로 이 책을 읽는다면 '3초 안에 자신을
팔기'라는 장을 반드시 읽어 보기 바란다. 그 장에는 삶에 전반적으
로 적용할 수 있는 전략이 실려 있기 때문이다.

화려하게 도장하는 것에 지나지 않는다. 이는 엄청난 도장 작업이 될 것이다. 그러나 화려하게 도장한 오두막집을 구입하려는 사람은 아무도 없을 거라는 사실을 간과해서는 안 된다.

이와는 달리 거절할 수 없는 제안을 토대로 한다면 튼튼하고 견고한 성을 지을 수 있다. 물론 비즈니스를 하다 보면 숱한 실수를 범하게 마련이다. 그러나 보잘것없는 색상이나 촌스런 색상으로 칠해진 성이라 해도 분명한 것은, 그 성은 변함없이 견고한 토대 위에 서 있다는 것이다.

과거의 마케팅 기법에 대립되는 혁신적인 마케팅 기법

잘 이루어진 거절할 수 없는 제안은 위압적으로 몰아붙이는 마케팅과는 대립된다.

내가 이 책에서 주장하고자 하는 내용은 나의 지난번 저서인 『마인드 컨트롤 마케팅닷컴 MindControlMarketing.com』의 내용과는 상반된다. 나는 그 책에서 고객의 마음을 유혹해 구매하도록 만드는 다양한 방법에 대해 상세히 설명한 바 있다. 반대로 이 책에서는 그렇게 하지 말아야 한다고 강조하고 있다.

거절할 수 없는 제안과 함께라면 마인드 컨트롤 마케팅은 굳이 필요하지 않다. 이렇게 말한다고 해서 제안의 효과를 높이기 위해 필요한 약간의 기술이나 마인드 컨트롤 마케팅을 전혀 사용하지 말아야 한다는 것은 아니다. 그것을 사용해도 좋으나 반드시 필요하지는 않다는 것이다. 거절할 수 없는 제안이 갖는 심리적인 힘은 그것만으로도 충분히 강력하기 때문이다.

거절할 수 없는 제안은 어떻게 산업을 혁신시켰는가

이제 거절할 수 없는 제안이 어떻게 산업을 일으켰는지 사례를 통해 살펴보기로 하자. 먼저, 당신이 미국에 살고 있다면 이 책을 내려놓고 당장 전화번호부를 펼쳐 보라. 전화번호부를 펼쳤는가? 좋다. 그렇다면 '피자'를 찾아보라. 사람들이 웬만큼 살고 있는 곳이라면 전화번호부에 적어도 몇 개의 피자점이 올라 있을 것이다.

이번에는 피자점처럼 전화번호부에 따로 구별되어 실려 있는 다른 유형의 음식점이 있는가를 찾아보라. 아무리 살펴보아도 전화번호부에서 피자점처럼 구별되어 실려 있는 다른 유형의 음식점은 찾을 수 없을 것이다.

당신이 중국집, 패스트푸드점, 바비큐 전문점이나 해산물 전문점 같은 음식점을 운영하고 있다면 그 가게의 전화번호는 식당이라고 적힌 목록에 실려 있을 것이다. 즉, 당신은 식당을 운영하고 있는 것이다. 하지만 이와 달리 피자점을 운영한다면 요식업과 별개로 인정되는 피자 사업을 하고 있는 것이다.

단 하나의 음식이 미국문화에 지배적인 역할을 담당하게 됨으로써, 전화번호부에서 자신만의 카테고리를 가질 수 있게 된 것이다.

피자. 무명의 인물, 무명의 사업이 어떻게 전국적인 내셔널 브랜드로 자리매김을 할 수 있었을까?

대부분의 사람들, 특히 브랜딩과 포지셔닝을 잘 알고 있는 사람들은 불가능한 일이라고 생각했을 것이 틀림없다. 그러나 그건 도미노 피자의 창업주 톰 모너건Tom Monaghan이 거절할 수 없는 제안을 어떻게 사용했는지 몰라서 하는 얘기이다.

도미노 피자가 믿기 어려운 정도의 엄청난 마케팅 광고로 사람들의 관심을 끌 때까지 비교적 알려지지 않았던 도미노의 탄생 스토리는 다음과 같다.

톰 모너건은 1960년에 미시간 주의 입실랜티에서 '도미닉스Dominick's'라는 피자 가게를 인수하면서 피자 사업에 뛰어들었다. 톰이 점포를 확장하기로 결심을 굳혔을 때 도미닉스의 전 주인은 기존의 상점명을 사용하지 못하게 했기 때문에 톰은 새로운 이름을 생각해 내야 했다. 어느 날 밤, 한 종업원이 "도미노가 어때요?"라는 의견을 제시했고, 톰 모너건은 그 자리에서 당장 도미노라는 이름을 사용하기로 결정했다.

사실, 톰 모너건은 도미닉스라는 피자 가게를 인수하면서 전 주인에게서 마케팅과 관련해 고작 15분 동안 교육을 받았을 뿐이다. 그런데 2004년에 도미노 피자의 체인점은 7천여 개에 이르렀고, 연간 매출액은 40억 달러에 달했다.

도미노 피자가 단 하나의 가게에서 시작해 연간 40억 달러의 매출을 올리는 세계적인 비즈니스를 구축하게 만든 힘은 무엇일까? 톰 모너건은 이에 대해 "도미노 피자의 성공은 30분 배달 보증제

덕분입니다."라고 답했다.

그의 성공은 하루아침에 이루어지지 않았다. 그는 부도 직전까지 내몰리는가 하면, 체인점들과의 소송을 비롯해 지금까지 여러 번 위기에 처했었다. 그러나 그는 역사상 가장 뛰어난 광고 중 하나이자 거절할 수 없는 제안의 전범典範이 된 단 하나의 문구로 도미노 피자의 폭발적인 발전을 이루었다.

톰 모너건은 고객들이 편안하게 배달시켜서 먹을 수 있는 피자를 원한다는 사실과 갓 구워 낸 따끈따끈한 피자를 좋아한다는 사실을 잘 알고 있었다. 그래서 그는 '30분 안에 배달하지 못하면 공짜'라는 30분 배달 보증제를 만들어서 지켜 나갔던 것이다.

바로 이 광고 때문에 도미노 피자가 전 세계적으로 알려지게 되었다고 해도 과언이 아니다. 1993년 소송으로 인해 '30분 배달 보증제' 광고를 중단할 수밖에 없게 되었을 당시, 도미노 피자는 이미 미국에서 최고의 매출을 올리는 피자 체인점의 자리를 굳건히 지키고 있었다. 그리고 '30분 안에 배달하지 못하면 공짜'("30 minutes or it's free") 말은 하나의 단어처럼 사용되었다.

사람들은 도미노 피자의 제안에 놀라지 않을 수 없었다. 아니, 사람들이 놀라는 것 이상으로 도미노 피자는 대단했다. 어떻게 그토록 빠른 시간 안에 피자를 배달할 수 있단 말인가? 사람들은 배달하는 오토바이에서 피자를 구워 내는 것이 분명하다고 생각할 정도였다. 또한 젊은 여성들에게 '30분 안에 못하면 공짜?'라는 말로 우스갯소리를 즐겨 하고는 했다. 그러나 가장 중요한 것은 사람들이 계속해서 도미노 피자를 주문하고 있다는 사실이다.

여기서 놀라운 사실이 하나 있다. 처음으로 도미노 피자가 전국을 휩쓸었던 당시, 도미노 피자는 놀랄 정도로 맛없는 피자였다. 사람들이 피자 맛이 피자상자 맛과 다를 바 없다고 농담을 주고받을 정도였다.[*]

도미노 피자의 사례

그렇다. 당시에 도미노 피자는 정말로 맛이 없었다. 하지만 정작 중요한 것은 그것이 아니었다. 중요한 것은 도미노 피자의 거절할 수 없는 제안이 하나의 커다란 성공의 발판이 되었다는 점이다.

배가 고프기는 한데 사먹으러 나가는 게 귀찮을 때 사람들은 신속하게 배달되는 음식을 찾게 마련이다. 심지어 그것이 포장상자 같은 맛이 나는 피자라 할지라도 말이다.

그리고 각종 언론 매체의 헤드라인을 장식했던, 도미노 피자 배달 차량의 운전사가 행인을 치어 수백만 달러에 이르는 소송에 휘말리게 됨으로써 결국에는 도미노 피자가 30분 배달 보증제를 그만두게 된 사건은 그야말로 거절할 수 없는 제안이 수백만 명에 이르는 소비자의 관심을 어떻게 사로잡을 수 있었는가를 대변해

----

[*] 난 요즘 도미노 피자를 매우 좋아한다. 나는 이 책을 도미노 피자 체인점이 전혀 없는 뉴질랜드의 오클랜드에서 집필했는데, 우연히 뉴질랜드 수도인 웰링턴에 갔다가, 그곳에서 도미노 피자 체인점을 보고는 날아갈 듯이 기분이 좋았다. 물론 약혼녀는 내가 호텔 방에서 피자와 콜라를 주문하는 바람에 최고의 식당에서의 식사 예약을 취소해야 했던 상황을 못마땅하게 여기기는 했지만 말이다.

주고 있다.[*]

　시간만이 소비자의 마음을 사로잡을 수 있는 유일한 셀링 포인트는 아니다. 도미노 피자의 셀링 포인트는 30분 내에 배달하지 못하면 피자를 '공짜'로 준다는 것이었다. 이 선전 문구는 제안을 거절할 수 없게 만드는 하나의 '시금석Touchone'이다.

　이는 도전과도 비슷하다. 사람들은 정해진 시간 안에 피자가 배달되는지 항상 궁금해 한다. 솔직히 피자를 공짜로 먹고 싶은 마음에 피자가 조금 늦게 배달되길 바랄 수도 있다. 이처럼 거절할 수 없는 제안은 단순한 마케팅 광고가 아니라 하나의 문화 아이콘이 되고, 나아가 엄청난 수익을 실현하는 견인차가 된다.

　하지만 만약 도미노 피자가 피자상자와 같은 맛을 계속 유지했더라면 지속적으로 성공을 유지하지 못했을 것이다. 여기에 대해서는 뒤에서 다시 언급하기로 하자.

거절할 수 없는 제안이 당신의 출발점이 되어야 한다

　무엇보다도 중요한 것은 거절할 수 없는 제안은 비즈니스의 핵심이 될 만큼 강력해야 한다는 것이다. 다시 말해 다른 마케팅 활

---

[*] 걱정하지 말라. 거절할 수 없는 제안을 통해 이익을 실현하기 위해 수백만 달러에 이르는 소송에 일부러 휘말리지 않아도 된다. 피자 배달 차량이 행인을 치는 사고는 꼭 도미노 피자만의 일은 아니다. 하지만 그 일이 특정한 소송으로 연결된 이유는 다름 아닌 도미노 피자의 명성 때문이었다. 이 사건은 도미노 피자의 마케팅이 얼마나 효율적이었던가를 보여 주고 있다.

동을 하기에 앞서 거절할 수 없는 제안이 당신의 출발점이 되어야 한다.

거절할 수 없는 제안을 만들어 내는 비결을 알려 주고자 하는 이 책을 완독하고 나면, 당신은 많은 고객들을 상대로 비즈니스를 한층 더 발전시켜 나갈 수 있을 것이다.

충분히 가능한 일이다. 예전에 나는 거절할 수 없는 제안을 이용해 수량이 제한된 제품을 고객에게 선보였는데, 선주문을 했던 고객들은 무려 100마일이나 달려와서 직접 제품을 가지고 갔다. 이제 당신은 당신의 제안에 매혹된 고객을 붙잡을 수 있는 비결을 배우게 된다.

*chapter*5

거절할 수 없는 제안이
아닌 것은 무엇인가

과장된 선전은 고객에게 여러 가지 의미로 다가갈 수 있다. 이를 테면 '새롭게 개선된 제품'이라는 말은 대단히 혁신적인 제품을 의미할 수도 있고, 기존의 요소를 적당히 배합하는 식으로 거의 변화를 주지 않은, 그저 라벨만 새로 붙인 기존의 제품을 뜻할 수도 있다.

마찬가지로 '사상 초유의 세일'이란 말은 전례가 없을 정도로 판매가를 할인했다는 뜻일 수도 있지만, 판매량을 늘리기 위한 마케터들의 절망적인 노력과 열정적인 상상력에서 비롯된 산물이라고도 말할 수 있다.

그러나 거절할 수 없는 제안에는 이러한 의미의 모호성이 전혀 없다. 즉, 특별하고 필수적인 요소로만 이루어진 거절할 수 없는 제안은 다른 해석의 여지가 있을 수 없다. 거절할 수 없는 제안이 아닌 것은 무엇인지를 안다면 이해하는 데 도움이 될 것이다.

거절할 수 없는 제안은 사실이나 자랑거리를 말하는 것이 아니다

당신이 20년 이상 비즈니스를 해왔고, 시내에서 최대의 의류 매장을 경영하고 있다고 하자. 그런데 어느 누구도 그러한 사실이나 당신의 자랑거리에는 신경 쓰지 않는다는 점을 명심하라.

설령 몇몇 사람이 신경을 쓴다 하더라도 그것은 당장 그들로 하여금 당신의 제품을 구매하도록 만드는 계기가 되기에는 충분하지 못하다. 또한 그것은 훌륭한 마케팅으로 연결될 만큼 중요한 사실이 아니다.

거절할 수 없는 제안은 특별한 제안이 아니다

거절할 수 없는 제안은 특별한 제안과는 다르다. 판매를 일시적으로 증가시켜야 한다면 뛰어나고 특별한 제안이 안성맞춤일 수 있다.(하지만 특별한 제안을 지나치게 하지는 말라. 지나치면 '특별하지 않은 제안'이 되기 때문이다.)

예를 들어, 보통의 피자 체인점처럼 매주 특별한 제안을 하면 고객은 당신과의 비즈니스를 다음 쿠폰이 올 때까지 미루게 된다. 고객은 당신에게 가기 위해 당신이 장애물을 걷어 내기를 원한다.

여기에 중요한 차이점이 있다. 특별한 제안은 일회성 거래에 불과하지만, 거절할 수 없는 제안은 일회성 거래가 아니다. 거절할 수 없는 제안은 특별한 제안과 달리 비즈니스의 정수 가운데 정수로, 그것은 당신의 정체성이 된다.

거절할 수 없는 제안의 힘은 도미노 피자의 사례를 통해 더욱 분명하게 알 수 있다. 도미노 피자가 '30분 배달 보증제'를 없앤 지도 거의 10년이 되었다.

지난 2003년에 나는 몇 명의 친구들과 모여 모처럼 도미노 피자를 주문한 적이 있다. 피자는 약 45분 만에 배달되었고, 한 친구가 시계를 쳐다보면서 "이봐, 이 피자는 공짜 아니야?"라고 물었다. 이런 걸 보면 거절할 수 없는 제안은 여전히 매력적인 도구임에 틀림없다.

특별한 제안과 거절할 수 없는 제안은 서로 조화를 이루어 기능할 수 있다. 특별한 제안을 할 경우 거절할 수 없는 제안을 할 때 사용되는 다수의 동일한 원리를 적용할 수 있다. 그러나 특별한 제안은 거절할 수 없는 제안보다 훨씬 쉽다. 거절할 수 없는 제안을 할 수 있다면 특별한 제안은 식은 죽 먹기이다.

거절할 수 없는 제안은 특전이 아니다

이익은 고객에게 놀라울 정도로 강력한 도구인데, 독특한 이익은 그보다 더 강력하다. 그러나 그것은 '그래서 내가 얻는 것은 무엇인가?'라는 질문에 대한 답일 뿐이다.

나는 마케팅에서 폭발적인 효과를 보기 위해 특전을 사용했다가 엄청난 실수를 범하는 사람들을 그동안 많이 보아 왔다. 고객들에게 얼른 보여 주고 싶은 매우 매력적이고 강력한 특전이 있을 경우에는 재빨리 그것을 이용하고 싶겠지만, 섣불리 행동하다가는 크나큰 실수를 저지를 수 있다는 점을 명심해야 한다.

특전을 이용하면 손쉽게 목표로 삼은 고객의 관심을 끌 수 있다. 하지만 그 관심은 십중팔구 '관심을 끌려고 하는 이유가 무엇일까? 나로 하여금 다른 곳으로 눈을 돌리게 하려고 이렇게 달콤한 혜택을 주는 게 아닐까'라는 의구심으로 바뀌게 마련이다. 이렇게 된다면 당신은 당장 광고 계획을 재편해 그 같은 의구심을 불식시키고, 4가지 중요한 질문 가운데 나머지 3가지 질문에 답하는 데에 전념해야 한다.

거절할 수 없는 제안은 소비자의 의심을 불식시키고 간절히 구매하고 싶도록 만들면서, 4가지 질문을 매우 효율적으로 처리하는 방법이다.

거절할 수 없는 제안은 독특한 판매 제안이 아니다

독특한 판매 제안(USPunique selling proposition)은 광고 업계에서 가장 빈번하게 사용되고 있는 개념이다. 그렇다면 독특한 판매 제안은 정확히 무엇을 말하는가? 그것은 당신과 대화를 나누고 있는 사람에게 달려 있다.

광고 마케팅의 권위자들은 하나같이 독특한 판매 제안이 제품이나 서비스의 독특함과 결코 다르지 않다는 점을 강조한다. 그들이 말하는 독특한 판매 제안은 치열한 시장 경쟁에서 당신을 돋보이도록 만드는 것이다.

예전에 사내에서 열린 세미나에 참석한 적이 있는데, 강사는 우리 기업의 모든 이점과 장점을 리스트로 만든 다음 우리 기업만이 가지고 있는 독특한 요소에 표시를 하라고 했다. 그리고 바로 그것이 우리 기업의 독특한 판매 제안이라고 말했다. 흥미로운 접근 방법이기는 하지만, 그것은 거절할 수 없는 제안이 갖는 힘의 일부를 보여 주는 것에 불과하다.

당신은 이 책에서 독특한 판매 제안에 대해 유명 브랜드 제품이나 기업과 관련 있는 사람들이 알고 있는 정의와는 전혀 다른 정의를 배우게 된다. 그들은 독특한 판매 제안이 당신의 브랜드가 갖고 있는 핵심 가치를 진술한 것이라고 주장한다.

언젠가 월마트, 아메리칸 항공을 비롯해 거대 기업의 광고를 독점하고 있는 전설적인 광고 기업인 GSD&M의 CEO 스티브 거르시치Steve Gursich와 길게 이야기를 나눈 적이 있다.

우리는 그가 거래하고 있는 기업이 사용할, 현재 작업중인 몇 가지 광고 문안에 관해 대화를 나누었는데, 독특한 판매 제안이라는 말이 화제가 되었다. 나는 얼마 지나지 않아 서로가 독특한 판매 제안이라는 말을 매우 다르게 정의하고 있다는 사실을 알게 되었다.

이 점을 명확하게 밝히기 위해 나는 그에게 "월마트의 USP는 무엇입니까?"라고 물었다. 그러자 그는 거침없이 "가치, 충성도, 품질"이라고 대답했다.

이러한 접근 방식은 확실히 월마트에게 유익하게 기능한다. 하지만 월마트의 비즈니스와 월마트가 수행하고 있는 마케팅 유형은 그보다 훨씬 독특하다. 월마트처럼 수천 개의 점포 인프라를 구축해서 고객의 순수한 구매력을 발판으로 가격 경쟁에서 벗어날 수 있는 경우에만 그와 같은 접근 방식이 효과를 발휘할 수 있다.

또한 이는 월마트라는 큰 그림 중에서 일부분에 지나지 않는다. 따라서 이러한 작은 부분들이 어떻게 조화를 이루어서 큰 그림이 되었는지 알지 못하는 중소기업들은 월마트의 마케팅을 있는 그대로 답습하는 문제를 신중하게 검토해 봐야 한다. 그렇게 하지 않으면 참으로 어리석은 실수를 저지르는 결과를 초래할 가능성이 높다.

그럼, 조금 다른 접근 방식을 알아보고, 그 방식이 우리가 추구하고 있는 것에 얼마나 가까운지 생각해 보자.

광고 역사상 가장 능력 있는 사람 중의 한 명으로 손꼽히는 로서 리브스Rosser Reeves는 『광고의 실체Reality in Advertising』라는 저서에서 이렇게 말했다.

> 각각의 광고는 소비자에게 제안을 해야 한다. 허위 광고나 쇼윈도 식
> 의 광고가 아니라 실질적인 제안을 해야 한다. 고객 개개인에게 "이
> 제품을 구입하면 특별한 혜택을 누릴 것이다"라고 말할 수 있어야
> 한다.
> 제안은 경쟁업체가 제공할 수 없는 독특한 것이어야 한다. 제품이 특
> 별하거나 광고가 특별해야 한다.

이는 상당히 의미 있는 주장이다. 하지만 문제는 이 같은 제안으
로 목표로 삼은 소비자에게 다가갈 수는 있지만, 소비자를 확실히
끌어들이지는 못한다는 것이다. 광고 문안을 만들어 내는 사람답
게 리브스는 독특함 그 자체만으로도 충분하다고 생각했다.

광고의 고전이라는 불리는 진통제 아나신Anacin 광고, "의사들이
가장 많이 처방하는 진통제, 아나신"이라는 광고 문안에는 이러한
그의 생각이 잘 반영되어 있다.

이 문안이 주는 이미지는 대단히 강렬하다. 이 문안은 지금까지
가장 뛰어난 광고 문안으로 통하고 있다. 이를 본 두통 환자들은
의사들이 다른 진통제보다도 아나신을 먼저 처방해 주니 이것만
한 두통약은 없을 것이라고 지레짐작하게 된다.

브랜딩의 관점에서 보면 이는 정말 훌륭하고 독특한 판매 제안
이다. 사람들이 약국에서 어떤 아스피린을 사야 하는지 결정해야
할 때, 의사들이 가장 많이 처방하는 아스피린을 집어들 가능성이

매우 높다.

하지만 이는 거절할 수 없는 제안은 아니다. 왜 그런가? 광고 문안만으로는 소비자에게 최고의 아스피린이라는 사실을 증명하기도 어렵고 확신을 주기도 어렵기 때문이다. 광고를 본 모든 사람들이 당장 아나신을 사야겠다고 생각하지는 않을 것이다. 거절할 수 없는 제안이란 약국에서 어떤 아스피린을 살까 고민하게 만드는 것이 아니라, 당장이라도 약국으로 달려가 그것을 구매하도록 만드는 것이기 때문이다.

독특함만으로 판매량을 급증시킬 수 있을 거라는 '사고의 덫'에 유혹당하지 말아야 한다. 매 시간마다 생음악을 선사하는 유일한 약국이라고 선전한다고 생각해 보자. 신기하다고 생각한 몇몇 사람들이 그 약국에 관심을 가질 수는 있지만, 그것을 반드시 판매로 전환시키지는 못한다. 다시 한 번 말하지만 독특함 그 자체만으로는 충분하지 못하며, 판매와 전혀 관련이 없는 경우도 있다.

시내에서 일본어를 할 줄 아는 약사가 운영하는 유일한 약국이라는 사실을 선전할 경우는 어떤가? 일본어를 할 줄 아는 사람들의 관심을 끌 수 있는 독특한 장점이며 상당히 매력적인 제안이기는 하다. 그렇지만 거절할 수 없는 제안만큼 강력하다고는 할 수 없다.

거절할 수 없는 제안은 독특함만으로는 부족하다. 만일 "10분 내로 두통이 사라지고 기분이 좋아지지 않으면 환불해 주겠다"고 말한다면 어떤 일이 벌어질까? 이것은 색다른 접근 방식일까? 이는 판이하게 다른 영향을 주게 될까?

거절할 수 없는 제안에는 그것을 거절할 수 없게 만드는 몇 가지 요소가 포함되어 있어야 한다. 그렇다면 그 요소들이 무엇인지 6장에서 알아보도록 하자.

chapter **6**

거절할 수 없는 제안을
구성하는 요소

드디어 당신은 거절할 수 없는 제안이 당신의 비즈니스를 성공으로 이끌어 줄 강력한 힘을 가지고 있다는 사실을 깨닫기 시작했을 것이다. 그와 동시에 '그러면 어떻게 거절할 수 없는 제안을 해야 하는가'라는 의문을 가지게 될 것이다. 이제부터 거절할 수 없는 제안을 만드는 몇 가지 방법을 살펴보자.

먼저, 거절할 수 없는 제안은 다음과 같은 3가지 요소로 이루어진다는 사실을 설명하면서 시작하겠다.

1_ 높은 투자 수익을 가져오는 제안

2_ 시금석

3_ 신뢰성

우선 이 3가지 핵심 요소를 기억하고 나서 어떻게 부자가 될 것인지 생각해 보자. 그렇다. 거절할 수 없는 제안을 할 수만 있다면 당신은 부자가 될 것이다.

높은 투자 수익을 가져오는 제안

비즈니스의 핵심 규칙인 '제안을 하라!'를 기억하고 있는가. 진정한 비즈니스는 제안을 해야만 시작된다. 앞에서도 설명한 '퀴드 프로 쿠오'처럼 서로에게 이익이 있어야 거래는 성립된다.

이는 너무 당연한 것처럼 들릴 것이다. 그러나 오늘날 다수의 비즈니스와 기업가들이 이러한 기본 원칙에서 멀리 벗어나 있다. 핵심 규칙에서 벗어나면 벗어날수록 그만큼 당신의 고객은 혼란에 빠지게 되고 결국 당신은 판매 수익을 올리지 못하게 된다.

모든 구매는 기본적으로 투자이다. 그러므로 투자에 비해 가치가 낮으면 고객은 투자 수익(ROI Return On Investment)을 전혀 실현하지 못하게 되고, 장기적으로 당신과 비즈니스를 하지 않게 된다.

이와 달리 고객에게 높은 투자 수익을 제공하면 마케팅은 한결 쉬워진다. 투자 수익이 명확하면 판매 속임수가 필요 없다. 보다 많은 시간을 판매에 할애할 수 있고, 판매 속임수를 짜내는 데는 시간을 낭비하지 않아도 된다.

1950~60년대에 극장들은 고객들에게 얕은 속임수를 쓰곤 했다. 이들 극장은 값싼 공포 영화를 상영했는데, 영화 상영 전에 관람객들에게 영화에 나오는 무시무시한 장면을 보다가 심장마비를 일으킬 경우에도 극장주들은 책임을 지지 않는다는 권리 포기 각서에 서명을 하도록 했던 것이다.

워낙 형편없는 영화였기 때문에 극장은 이러한 묘책을 쓸 수밖에 없었다. 고객의 투자(관람료와 극장에서 보내는 시간)에 이익(오락성)이 훨씬 미치지 못했기 때문에, 극장주들은 관람객들이 낮은 투자 수익 같은 것에는 아예 관심도 갖지 못하도록 치사한 속임수를 써야 했던 것이다.

그러나 당신은 군이 이러한 속임수에 기대지 않아도 된다. 속임수 대신 고객에게 높은 투자 수익(High ROI)을 제공함으로써 문제를 해결해 나가면 된다. 기존의 제품을 한순간에 엄청난 제품으로

경고 : 가격만 낮추면 고객의 투자 수익을 개선할 수 있을 것이라고 생각하는 사람들도 종종 있다. 가격을 낮춤으로써 고객에게 제공하는 가치를 개선시킬 수 있다는 주장이 틀린 것은 아니지만, 이는 매우 위험한 생각이다. 경제 묘지(economic graveyard)에는 지나칠 정도로 고객에게 부담을 주지 않으려고 기업 스스로의 이익을 포기하다가 사라져 버린 비즈니스 사례들이 가득 차 있다. 당신이 비즈니스를 하는 목적은 수익을 실현하기 위해서이다. 적절한 제안으로 수익을 잃지 않으면서도 고객에게 돌아갈 이익을 증가시키는 방법은 의외로 많다는 점을 명심하라.

만들 수 없다면 제품을 값지게 만드는 중요한 요소들을 첨가하라. 당신의 제안이 고객에게 큰 도움이 되도록 몇 가지의 서비스와 특징, 혜택을 부가하라.

앞에서 언급한 도미노 피자에 대해 다시 한 번 생각해 보자. 도미노 피자의 30분 배달 보증제 제안은 효과적으로 수많은 고객의 관심을 끌었다. 하지만 도미노 피자가 소비자의 입맛에 맞는 피자를 만들려고 노력하지 않았다면 그 인기는 오래 지속되지 못했을 것이다. 도미노 피자는 그야말로 최고의 시금석을 가지고 있었지만, 지속적으로 번창하기 위해서는 높은 투자 수익 제안 역시 필요했다.

요즘에도 나는 신속한 배달, 저렴한 가격, 좋은 피자 맛 때문에 도미노 피자를 즐겨 먹는다. 피자가 몹시 먹고 싶을 때 빨리 먹을 수 있는 것은 물론이고, 그 외에도 도미노 피자에서 꽤 높은 투자익을 얻고 있다. 다른 피자를 사먹을 수도 있지만, 나는 도미노가 주는 높은 투자 수익 때문에 다른 피자는 거들떠보지도 않는다.

나는 도미노 피자에 흡족해 하는 충성스런 고객이다. 도미노 피자를 위해 입으로 마케팅 메시지를 전하고, 도미노 피자의 맛을 친구들에게 선전도 하고 있다. 이런 종류의 입소문을 내는 방법에 대해서는 뒤에 가서 다시 알아볼 것이다. 여기서 기억해 두어야 할 사실은 거절할 수 없는 제안 없이는 아무리 입소문을 잘 낸다 해도 결코 만족스러운 결과를 얻을 수 없다는 것이다.

고객을 속이는 마케팅에 애쓰다 보면 결국 정반대의 결과만을 얻게 될 뿐이다. 나 역시 과거에는 그랬다. 나는 '특별한 제안'으로 적당히 고객을 구슬려 제품을 구매하도록 만들었지만, 솔직히 높은 투자 수익을 보장하는 제안은 하지 못했다. 이런 경우 기업은 고객에게 제품을 팔지도 못하고, 고객이 오랫동안 자신의 기업에 등을 돌리게 만든다.

우리는 친구들끼리 모이면 가끔 불쾌한 경험을 했던 기업에 대해 이야기를 나누곤 한다. 그런데 재미있는 것은 그런 이야기가 계속 돌고 돈다는 것이다. 이런 걸 보면 고객에게 투자 수익을 전혀 제공하지 못한 기업은 그 기업과 아무런 관련이 없는 사람들 사이에서도 좋지 않은 기업으로 소문이 나게 되는데, 이는 그 기업이 마땅히 치러야 할 대가라고 할 수 있다.

그런데 이런 혼란스런 일이 벌어지도록 한 당사자가 바로 당신이라면 어떻게 할 것인가. 거대한 기업들도 실수 하나 때문에 큰 타격을 입게 되는 경우가 허다한데, 당신이 저지른 실수 하나가 당신의 비즈니스에도 엄청난 영향을 미칠 수 있다는 건 말할 필요도 없다.

마크 트웨인은 "진실이 여행을 떠나기도 전에 거짓말은 지구의 반을 돈다"라고 말했다. 부정적인 말은 좋은 말보다 훨씬 빨리 퍼지는 법이다. 따라서 기업은 가장 먼저 고객을 만족시키고 행복하게 해줄 수 있는 것들을 만들어 내야 한다는 사실을 명심해야 한다.

시금석

지금처럼 소비자의 관심을 끌기 위해 마케팅 메시지를 경쟁적으로 내보냈던 적은 일찍이 없었다. 텔레비전 광고, 라디오 광고, 인쇄 광고, 게시판, 인터넷 광고, 이메일 등 방법은 무수히 많다.

오히려 광고가 너무 흔해서 소비자에게 기억되는 광고가 거의 없을 지경이다. 심지어는 상당히 창조적인 접근 방식에 의해 만들어진 광고조차도 그저 잠시 동안 소비자의 관심을 끌 뿐, 이내 마케팅 소음이라는 바다에 빠져 여지없이 가라앉고 있는 것이 현실이다.

이렇듯 고객에게는 소음으로만 들리는 광고의 부정적인 측면을 극복한다면 어떤 일이 벌어질까? 고객의 관심을 끌 수 있다면, 확실하게 당신을 기억하도록 만든다면, 한순간에 고객의 마음을 사로잡아 그로 하여금 바로 그 자리에서 당신의 제품이나 서비스를 구매하도록 한다면 과연 어떤 일이 벌어질까? 이 모든 일이 3초 안에 일어난다면 어떻게 될까?

바로 그 자리에서 판매가 이루어질 것이다. 당신의 제안에 깃들어 있는 시금석은 그러한 힘을 갖고 있다.

이처럼 판매를 순조롭게 만드는 시금석은 과연 무엇인가?

간단하게 말하면 다음과 같다.

√ 시금석에는 우리가 판매하고 있는 것이 들어 있다.
√ 시금석에는 값이 얼마인지 들어 있다.
√ 시금석에는 고객이 얻는 것이 무엇인지가 들어 있다.
√ 시금석에는 고객이 우리를 신뢰해야 하는 이유가 들어 있다.

이미 앞에서 제시했던 4가지 중요한 질문을 기억하고 있는가? 그 어떤 경우에도 당신의 시금석은 '여기에 엄청난 투자 수익을 가져다 줄 제안이 있고, 이것을 간과하는 고객은 어리석은 실수를 저지르는 것이다' 라고 말할 수 있어야 한다.

지금 말한 것에 기초해서 당신의 시금석을 구축하기에 앞서 다른 제안들처럼 시금석을 단순히 전달하는 것만으로는 고객에게 효과적으로 영향을 미치기 힘들다는 점을 알아야 한다. 이는 구매할 물품 목록이 아니다. 고객에게 어떤 영향을 주기 위해서는 이러한 아이디어를 독특한 방법으로 전달해야 한다.

뛰어난 시금석을 구성하는 요소
다음 지침은 몇 가지의 값진 단서를 제공한다.

| 명확성 |
고객이 당신이 무슨 말을 하는지를 해석하도록 만들어서는 안된다. 고객은 골치 아프게 머리를 쓰는 것을 싫어한다. 고객이 또 다른 것을 상상하지 못하게 명확한 메시지로 그들의 마음을 사로잡아야 한다.

| 단순성 |
고객은 복잡한 일상 속에서 살아가고 있다. 그들은 자신이 원하는 것 이상을 찾으려 하지 않고, 특히 어떻게든지 특별하고 복잡한

것을 판매하려고 애쓰는 사람들을 피하고 싶어한다. 시금석은 고객이 쉽게 이해할 수 있도록 단순해야 한다.

| 간결성 |

보통 당신은 황급히 서두르지 않는가? 당신의 고객도 마찬가지이다. 이 점을 염두에 두고 설명은 짧게 하라. 설명은 한눈에 알아볼 수 있도록 간결해야 한다.

| 즉시성 |

시금석은 단도직입적이어야 한다. 당신은 단지 사실만을 보여주어 고객들 스스로가 그것의 가치를 볼 수 있도록 해야 한다. 당신의 제안이 충분히 가치 있는 것이라면 굳이 선전할 필요가 없다. 거절할 수 없는 제안은 당신을 고객을 괴롭히는 세일즈맨에서 바람직한 가치를 제안하는 신뢰할 만한 친구로 바꿔줄 것이다.

그런데 고객은 그것을 원할 수도 있고 원하지 않을 수도 있다. 고객이 원하지 않으면 다른 잠재 고객을 찾아야 한다. 그렇게 함으로써 당신의 몸과 마음은 지치지 않게 되고, 고객은 상당한 시간을 절약할 수 있다.

그런데 여기서 알아두어야 할 것이 있다. 당신의 시금석이 제시한 제안은 높은 투자 수익을 가져오는 제안과는 별개라는 사실이다. 이 둘의 속성은 전혀 다르다.

역사상 위대한 3가지 시금석

대표적인 예로 도미노 피자, 콜롬비아 음반사, 페덱스를 살펴보자.

| 도미노 피자 |

"30분 내에 배달하지 못하면 공짜"라는 도미노 피자의 시금석은 역사상 가장 뛰어난 시금석으로 꼽히고 있다. 도미노 피자는 피자의 맛에 대해서는 한 마디도 하지 않았다. 그건 회사 초창기에도 마찬가지였다.

그런데도 이 시금석은 4가지 중요한 아이디어 가운데 3가지를 멋지게 충족시켰다.

√ 시금석에는 우리가 팔고 있는 것이 들어 있다.
　　– 신속하게 배달되는 피자.
√ 시금석에는 고객이 얻는 것이 무엇인지가 들어 있다.
　　– 배고플 때 즉시 배달시켜서 먹을 수 있는 피자. 때로는 공짜일 수도 있는 피자.
√ 시금석에는 고객이 우리를 신뢰해야 하는 이유가 들어 있다
　　– 약속을 지키지 못하면 공짜로 피자를 먹을 수 있다.

그렇다면 여기에 높은 투자 수익 제안이 있는가? 아니, 없다. 처음에 도미노 피자는 맛있는 피자를 제공하지 않았다. 피자가 신속하게 배달되기는 했지만, 이는 맛 좋은 피자를 찾는 고객에게는 엄

청난 투자 수익이 아니었다.

시금석은 불꽃이다. 오랫동안 꺼지지 않고 불꽃이 타오르도록 하려면 높은 투자 수익 제안(괜찮은 가격에 맛있는 피자)을 해야 한다.

| 콜롬비아 음반사 |

일단 "1센트만 내면 10개의 CD를 드립니다"라는 콜롬비아 사의 시금석 역시 잘된 시금석 중의 하나이다. 지금까지도 여전히 상당수에 이르는 CD와 서적을 파는 많은 곳에서 이 시금석을 응용해서 사용하고 있는 것만 보더라도 콜롬비아 사의 시금석이 얼마나 훌륭한지 알 수 있다.

마케팅 과학에 관심이 있는 사람은 이러한 접근 방식을 상당히 흥미로워할 것이다. 표면상으로, 이는 4가지 중요한 질문 가운데 3가지 질문을 훌륭히 소화해 냈다. 다만 네 번째 질문에 대해서는 주춤거리게 만든다. 의구심을 완전히 떨쳐 버릴 수 없기 때문이다.

√ 시금석에는 우리가 팔고 있는 것이 들어 있다.

　－ 저가의 CD.

√ 시금석에는 값이 얼마인지 들어 있다.

　－ 1센트.

√ 시금석에는 고객이 얻는 것이 무엇인지가 들어 있다.

　－ 저렴한 가격에 들을 수 있는 음악.

√ 시금석에는 고객이 우리를 신뢰해야 하는 이유가 들어 있다 .

– 이봐, 손해볼 건 없잖아.(위험이 높진 않지만 소비자는 여전히 회의적이다. 충분히 그럴 만하다.)

그렇다면 여기서 높은 투자 수익을 가져오는 제안은 무엇인가? 당신이 상상할 수 있듯이 실제로 1센트에 10개의 CD를 구매할 수는 없다. 당신은 고가로 출반될 CD를 앞으로도 계속 구매하겠다고 음반사와 약속해야 한다. 약속한 것에 대해 지불하게 될 전체 비용을 생각하고, 받게 되는 CD의 개수와 그것들을 사기 위해 여러 번 쇼핑몰에 가지 않아도 되는 편의에 대비해서 계산을 하면 음반사는 음반사대로, 소비자는 소비자대로 유리한 거래를 하고 있다는 사실을 알게 된다.

콜롬비아 음반사 사례에서 얻을 수 있는 교훈은 무엇인가? 높은 투자 수익을 가져오는 제안은 기업이 사용하는 어느 정도의 속임수를 허용하고, 그러한 사실을 눈치 챈 고객들도 애써 밝혀내려 하지 않는다는 것이다.

지금까지 살펴본 도미노 피자와 콜롬비아 음반사와는 조금 다

 팁 : 지속적인 효과를 불러오는 마케팅처럼 대단한 마케팅은 없다. 계속 살아 있는 광고는 순수하게 경제적인 관점에서만 보더라도 매우 효과적인 마케팅이다. 어설픈 마케팅은 오래 가지 못한다. 따라서 그러한 마케팅으로 얻은 수익은 단기간에 사라져 버리고 오래 지속될 수 없다.

른 사례도 있다. 이 기업은 가격에 대해서는 일체 말하지 않는 시금석을 사용하고 있다.

| 페덱스 |

"무슨 일이 있어도 다음날에는 배송해 드립니다"라는 페덱스의 시금석은 거절할 수 없는 제안의 시금석으로는 적합하지 않은 듯 보인다. 하지만 표면상으로 평범해 보이는 이 제안은 실질적으로는 역사상 최고의 시금석임에 틀림없다. 한번 분석해 보자.

√ 시금석에는 우리가 팔고 있는 것이 들어 있다.

  – 익일 배송.

√ 시금석에는 값이 얼마인지 들어 있다.

  – 우리는 말하지 않겠지만, 이러한 서비스가 당신에게는 매우 값진 것이기에 당신은 굳이 가격에 신경 쓰지 않을 거라고 생각한다.

√ 시금석에는 고객이 얻는 것이 무엇인지가 들어 있다.

  – 당신이 배송을 원하는 물건은 반드시 다음날 도착한다. 그러므로 당신은 더 이상 그것에 대해 걱정할 필요가 없다.

√ 시금석에는 고객이 우리를 신뢰해야 하는 이유가 들어 있다.

  – 솔직히 말해서 '페덱스'보다 신뢰할 만한 이름이 이 세상 어디에 있단 말인가?

페덱스의 사례에서 알 수 있듯이 가격이 전부는 아니다. 물론 가격이 지나치게 높으면 제안은 성사되지 못한다. 하지만 여기서의 핵심 포인트는 페덱스가 전혀 문제될 것 없는 확실한 제품을 제안하는 까닭에, 시금석을 만들 때 높은 투자 수익 제안에 그다지 신경 쓰지 않아도 된다는 점이다.

아마도 당신에게는 이런 행운이 따르지 않을지도 모른다. 그렇다 하더라도 실망하지는 말라.

신뢰성

당신이 내게 1달러를 줄 때마다 그 대가로 1천 달러를 제공한다면 어떤 일이 벌어질까? 이것만큼 강력한 시금석은 없을 것이다.

비언어 커뮤니케이션
앞에서 살펴본 바와 같이 거절할 수 없는 제안을 구성하는 4가지 중요한 질문을 확인하기 위해 굳이 말을 사용하지는 않아도 된다. 페덱스 사례에서 볼 수 있듯이 기업의 이름만으로도 신뢰를 쌓을 수 있다. 그리고 기업이 브랜드 자산과 명성을 쌓아간다면 고객의 의구심은 다른 방식으로 해결될 수 있다.

정보는 다양한 방법으로 전달되고 있다는 점을 기억하라. 정보는 이미지의 형태를 띨 수도 있고, 시장에서 브랜드 포지션(가장 강력한 형태의 커뮤니케이션-이에 대해서는 알 리스와 잭 트라우트의 공동 저서인 『포지셔닝』을 반드시 읽어라)의 형태일 수도 있으며, 심지어 판매를 하고 있는 사람의 형태일 수도 있다.

하지만 당신은 분명히 내 말을 의심할 것이다. 다이렉트 마케터인 마이크 엔로우Mike Enlow는 이 사실을 증명하기 위해 바로 이러한 제안을 신문에 게재했다. 그는 그 광고에 대해 어떤 반응도 얻지 못했다. 그런데 바로 그것이 그의 목적이었다.

당신의 시금석이 대담하면 대담할수록 그만큼 증명하기 어려워지므로, 신뢰와 믿음을 주기 위해서는 더 열심히 노력해야 한다는 점을 잊지 말아야 한다.

신뢰성을 확보하기 위한 요소

그럼, 당신은 어떻게 신뢰성을 전달하겠는가? 당신이 신뢰받고 있으며, 당신의 제안이 정말 좋고 진실하다고 소비자에게 어떻게 증명하겠는가?

물론 각각의 사례는 저마다 다른 목표를 갖고 있지만, 공통적으로 고려해야 할 몇 가지가 있다. 당신, 당신의 제안, 그리고 당신의 고객에게 맞는 접근 방식을 찾아라. 대담하면 대담할수록 좋다. 하지만 그 방법이 대담할수록 그만큼 더 당신을 신뢰할 수 있게 만드는 기준을 높여야 한다는 사실을 기억해야 한다.

증명
당신의 제안에 내포된 신뢰성을 증명해 줄 3가지 방법에 대해 알아보자.

먼저, 사회적 증명이 있다. 이것은 보통 제품을 사용해 본 많은 사람들이 그 제품에 만족한다는 사실을 보여 주는 증명서를 통해서 이루어진다. 제대로 된 증명서에는 당신이 조작하지 않았다는 사실을 밝히는 중요한 단서들, 예를 들어 사용후기를 올린 고객의 이메일 주소나 웹 사이트 주소, 사진 등이 첨부되어 있어야 한다. 신시내티에 사는 매릴린이라는 사람이 당신의 서비스에 만족한다는 사실을 고객들에게 전하고자 한다면, 당신은 매릴린이 당신의 마케팅을 위한 상상력의 산물이 아닌, 실제로 그곳에 살고 있는 사람임을 확실하게 보여 주어야 한다.

둘째, 기술적 증명이 있다. 당신 제품의 효율성은 과학적으로 증명이 되는 것인가? 당신의 제품이 설명서에 나와 있는 기능을 수행하는지 시험해 본 적이 있는가? 다시 한 번 말하지만 이러한 증거물은 반드시 믿을 만한 방식으로 제시되어야 한다. 그렇지 않으면 신뢰성을 높이기보다는 악화시키게 된다.

셋째, 사실에 근거한 증명이 있다. 제품의 가치나 인기가 시간이 지날수록 올라가고 있음을 보여 주는 연구 결과를 가지고 있는가? 흔히 비싼 재화에 기반을 둔 제품을 판매하는 비즈니스가 이런 식으로 그 제품의 높은 투자 가치를 드러내고 있다.

신용

신용은 당신에 대한 모든 것이다. 당신은 신뢰를 받고 있는가? 소비자가 당신의 제안을 신뢰하고 그걸 간절히 원할 정도로 당신은 권위를 가지고 있는가? 신용은 다음과 같이 다양한 형태를 띤다.

당신의 제품을 보증할 수 있는 유명 인사나 업계에서 상당한 인정을 받고 있는 사람과 관계를 맺고 있는가? 사람들은 언론매체에 오르내리는 사람들이 추천하는 제품을 보다 신뢰한다.

그러나 우선적으로 유명 인사가 당신이 판매하고 있는 제품이나 서비스를 선전하기에 적절한 사람인가를 제대로 파악해 둘 필요가 있다. 이를테면 당신은 당신의 놀이방을 추천해 달라고 마이클 잭슨을 채용하지는 않을 것이다. 물론 이는 너무 극단적인 예지만, 당신은 내가 무슨 말을 하려는지 정확하게 파악했을 것이다. 그럼, 실제로 일어났던 사례를 들어 보자.

텔레비전 인기 연속극에서 미국 대통령 역할을 했던 마틴 쉰은 미국이 이라크를 침공하기 전에 반전 광고를 했는데, 그것의 효과는 기대한 것과 정반대로 나타났다. 시청자들은 텔레비전에서 대통령 역을 맡아 연기했지만 실제로는 정치적 경험이 전혀 없는 배우가 광고에서 무기 시찰 프로그램의 효율성에 대해 강연하자, 지성이 모욕당하고 있다고 생각했다. 이는 충분히 있을 수 있는 반응이다.

특별한 선전 효과를 기대하며 그가 가진 드라마 속의 권위를 이용하려 했던 것이 오히려 역효과만 불러온 것이다.

| 사회적 신분이 높은 고객들 |

IBM이나 마이크로소프트 또는 소니의 직원들이 당신 기업의 제품을 사용하고 있다는 사실을 밝힐 수 있다면, 잠재 고객들을 끌어들이는 것이 훨씬 수월하다. 성공을 이룬 사람들과 특출난 재능으로 명성을 날리는 사람들이 당신의 고객이라면 당신이 목표로 삼고 있는 잠재 고객을 사로잡을 수 있는 신뢰를 쌓게 된다.

| 자격 |

구성원들의 직업적인 능력과 경력, 자질을 인정해 주는 단체나 조직이 있다. 이들을 적절히 활용하거나 당신의 전문 지식이나 상식을 보증하는 학위나 자격증을 이용하는 것도 효과적이다.

| 수상 경력 |

당신의 업무 능력을 눈여겨본 사람이 있는가? 당신의 제품이 각종 대회에서 수상한 적이 있는가? 잠재적 고객은 수상자가 전하는 미묘한 분위기에 잘 빠져들고, 그의 제안에 귀를 기울이는 법이다. 하지만 이를 지나치게 권할 생각은 없다. 자칫 잘못하면 자랑으로 비춰질 수 있기 때문이다.

| 논리 |

고객의 논리적 사고의 힘을 과소평가하지 말라. 당신이 제안을 하는 동안 고객은 머릿속으로 계산을 한다. '어떻게 이처럼 엄청난 제안을 할 수 있었을까' 하고 궁금해 하는 잠재 고객에게 논리적으로 답변을 해줄 수 있다면, 그 사람은 100퍼센트 당신의 고객이 될 것이다.

한국의 한 화장품 회사는 소비자들에게 화장품을 10달러 이하에 제공하고 있다. 과연 품질이 좋은 제품을 그토록 저가에 생산하는 일이 가능할까?

그런데 그 회사는 저가의 생산비에 대해서 상세히 설명을 했고, 그 논리가 큰 효과를 거두었다. 화장품의 경우 비용의 90퍼센트가 광고에 쓰인다는 점을 강조한 것이다. 그 화장품 회사의 한 관계자는 "우리는 〈보그 vogue〉 지에 전면 광고를 게재하는 유명 브랜드처럼 광고 비용을 과다하게 지출하지 않기 때문에 생산비를 많이 절감할 수 있다. 또한 우리 제품은 리필제품이기 때문에 초기 비용만 많이 들 뿐 이후에는 생산비가 줄어든다"라고 말했다.

이렇게 논리적인 근거를 제시하면 신뢰할 수 없던 제안이 대단히 믿음직스러운 제안으로 바뀐다. 그리고 실제로 이 회사의 화장품을 판매하는 가게는 발 디딜 틈도 없이 손님들로 북적인다. 한국의 소비자들은 가격에 상당히 민감하기 때문에 이러한 제안은 큰 효과를 거두고 있다.

거절할 수 없는 제안에는 고객이 신뢰할 수 있는 논리가 뒤따라야 한다. '재고가 많아 정리를 해야 한다', '아시아에 지사가 있어서 저가에 제품을 제공할 수 있다'와 같은 사실은 고객이 당신의 제안을 스스럼없이 받아들일 수 있도록 하는 강력한 논리적 근거가 된다.

고객이 당신의 제안을 믿을 수 있도록 만들어라. 마케팅 담당자들이 판매를 증가시킬 목적으로 이치에 맞지도 않는 논리를 제시하는 경우가 있는데, 이는 도리어 악영향을 미칠 수 있다. 그러한 실수를 저지르지 않아야 한다.

모든 것을 하나로 묶어라

그럼, 앞에서 살펴본 내용들이 실제 마케팅 광고에서 어떻게 적용되는지 살펴보자.

거절할 수 없는 제안 만들기 : 당신이 해야 하는 것

| 1단계 : 높은 투자 수익 제안을 개발하라 |

어떤 일을 하기에 앞서 당신은 고객에게 확실한 투자 수익을 제공하는 무엇인가를 만들어야 한다. 그렇지 않으면 더 이상 발전하지 못하고 그 자리에 머물게 되고 만다.

| 2단계 : 고객이 받아들일 수밖에 없는 시금석을 만들어라 |

마케팅 광고의 핵심 요소를 개발해야 한다. 당신이 기울이는 모든 마케팅 노력은 지속적이어야 하고, 핵심에서 벗어나지 않아야 한다. 시금석은 항상 당신의 비즈니스와 연관시킬 수 있는, 브랜드 정체성을 형성하는 단 하나의 메시지이다.

| 3단계 : 신뢰를 쌓아라 |

당신의 제안과 광고가 지속적으로 반향을 얻으려면 다양한 신뢰 요인들을 적절하게 이용해서 고객에게 믿음을 주어야 한다. 이때 신뢰 요인들은 반드시 말의 형태를 띠지는 않아도 된다.

거절할 수 없는 제안을 이용해서 판매하기 : 고객이 주시하는 것

| 첫 번째 : 당신의 시금석 |

당신의 시금석은 고객의 관심을 자극한다. 고객의 호기심을 자극하고 흥분시키는 방식으로 그들이 궁금해 하는 중요한 2~3가지 질문에 답을 하라. 그렇게 하면 고객은 당신이 가지고 있는 것이 무엇인지를 기꺼이 알고 싶어할 것이다.

| 두 번째 : 신뢰 |

고객은 당신을 신뢰할 수 있는지 알아보기 위해 당신, 그리고 당신의 제품이나 서비스를 충분히 검토한다. 만일 신뢰할 만하다는 판단이 서면 더욱 그것에 대해 자세하게 살피게 된다.

| 세 번째 : 높은 투자 수익 |

고객이 당신의 시금석에 제안이 내포하는 정신이 제대로 담겨져 있다는 사실을 알았다면, 판매는 확실히 보장된다. 그런데 이보다 더 중요한 것이 있다. 기대 이상으로 이익이 훨씬 더 많다는 사실을 알게 되면 고객은 당신의 제품에 기꺼이 충성하게 된다.

결론

당신의 마케팅은 고객에게 하루 종일 멈추지 않고 연타를 가하

고 있는 다른 수많은 시시한 마케팅의 공격을 극복해야 한다. 바로 그것이 효과적인 시금석의 목적이다. 당신은 고객에게 다른 모든 소음을 이겨낼 수 있는 짧고 흥미롭고 신뢰할 만한 제안을 해야 한다.

고객의 마음속에서는 내면의 대화가 시작된다. 고객이 "이봐, 이 것은 교묘한 광고 술책이 아니란 말이야. 이 사람들은 내가 원하는 것을 제대로 알고 있어"라는 생각을 하기 시작하면 당신은 신뢰성을 확보할 수 있는 더 많은 요소들을 부가할 수 있다.

내면의 대화가 다시 시작된다. "좋았어. 이건 진짜 좋은 제안으로, 이 사람들은 믿을 만해. 그런데 이 사람들이 나에게서 얻으려는 것은 무엇일까? 혹시 무슨 함정이 있는 건 아닐까?"

바로 이때가 당신의 성공과 실패를 가르는 지점이다. 고객은 당신의 시금석이 제안과 부합하는지 판단하게 된다. 그러고 나서 거래가 이루어질 수도 있고 그렇지 않을 수도 있다. 만일 당신의 시금석이 유인상품을 이용한 마케팅 전략이었다면 당신은 거래를 하지 않는 대가로 일정한 보상을 요구할 수도 있을 것이다.

하지만 이런 경우에도 잠재 고객이 심사숙고해서 진정으로 높은 투자 수익을 발견한 다음에야 비로소 거래가 이루어지는 법이다.

chapter 7

거절할 수 없는 제안을
전달하는 비법

당신은 자신이 기대한 것 이상으로 비즈니스를 성공시킬 수 있다. 그러기 위해서 반드시 MBA 학위가 필요한 것도 아니고, 수많은 비즈니스 서적을 전부 다 읽을 필요도 없다. 끊임없이 고객이 찾아와 지속적으로 비즈니스를 하게 만들어 주는 간단하고도 효과적인 비법이 있기 때문이다.

다음의 3단계만 밟으면 되는 대단히 쉬운 방법이다.

1_ 거절할 수 없는 제안을 만들어라.
2_ 그것을 목마른 많은 사람들에게 제시하라.

3_ 첫 번째 잔을 산 사람에게 두 번째 잔을 팔아라.

이 비법을 기억해서 그대로 따르기만 하면 당신은 반드시 성공할 수 있을 것이다. 끊임없이 새로운 비즈니스 지식을 습득하기 위해 노력하라. 단, 당신이 무엇을 배우든 그것은 위의 3단계에 의해서 이루어진다는 사실을 염두에 두어야 한다.

그럼, 3단계를 차근차근 살펴보자.

1단계 : 거절할 수 없는 제안을 만들어라

앞에서 계속 살펴본 것처럼 무슨 일을 하든 그전에 거절할 수 없는 제안을 만드는 방법을 숙지해야 한다. 이를 당연한 것으로 받아들이지 말라. 1단계를 무시한 채 2단계나 3단계로 건너뛰면 당신은 크게 성공하지 못한다.

2단계 : 그것을 목마른 많은 사람들에게 제시하라

당신이 새로 출시된 성인용 관절염 치료제를 판매하고 있다고 가정해 보자. 온몸에 문신을 하고 코걸이를 한 헤비메탈 그룹이 주로 출연하는 MTV에 관절염 치료제를 광고할 것인가? 아니면 어린아이들이 즐겨 보는 디즈니 채널에 광고할 생각인가?

물론 그렇지 않을 것이다. 당신이 제아무리 세상에서 가장 멋진 제안을 만들었다 해도 당신 제품에 관심을 갖고 목이 빠져라 기다리는 사람들에게 그것을 제시하지 않으면 그저 시간 낭비에 불과할 뿐이다.

당신의 제안에 관심이 있는 사람들에게 그것을 제시하라. 잠재 고객과 접촉하면 일이 훨씬 순조롭게 풀릴 수 있다. 그들과 접촉을 한다고 해서 비용이 더 드는 것도 아니다.

그렇다면 이제 무엇을 어떤 식으로 전달해야 할까? 이 점에 대해서는 이미 앞에서 자세하게 살펴보았다. 당신은 당신의 메시지를 전달해야 한다. 상대방이 누구인지, 어떤 수단을 사용할 것인지만 결정하면 된다.

메시지를 전달하는 방법은 부지기수로, 그것을 다룬 서적과 비디오테이프도 상당수에 이른다. 하지만 기억해야 할 것은 '거절할 수 없는 제안을 전달하는 비법을 사용하지 못하면 세상의 모든 마케팅 전략은 하나같이 잠재력을 실현하지 못한다'는 것이다.

당신만의 광고 노하우를 축적하기 위해 노력하라. 어떤 방식이 효과가 있는지 면밀히 조사하라. 대담하게 적극적으로 행동하라. 미친 듯이 실험하라. 효과가 없는 것들은 과감하게 버리고, 당신의 제안을 받아들이는 사람들에게 효과적인 것을 보다 더 많이 활용하라.

정말 간단하지 않은가!

고객 접점 points of contact

지금까지 소개했던 가장 유익한 마케팅 구조 가운데 하나가 바로 고객 접점이다. 좋든 싫든 모든 접점에서 당신의 고객과 마케팅이 이루어지고 있으며, 앞으로 잠재 고객과 마케팅이 이루어질 가능성이 있다. 고객은 언제나 어느 정도의 관심을 끌 만한 가능성에는 마음을 열게 된다.

내가 경영하는 다수의 기업들은 이 방식을 이용해 놀라울 정도의 수익을 실현했다.

한 예로 내가 경영하는 기업에서는 비즈니스 전자 서적을 판매할 때 마지막에 원 클릭방식을 도입해 상당한 판매 성과를 얻었다. 우리는 고객에게 '예스!'만 클릭하면 우리 서비스 가운데 하나를 한 달간 무료로 사용할 수 있고, 이때 고객이 책임질 의무 사항은 전혀 없고, 사용하고 나서 30일 후에 계산을 하면 된다고 자세하게 설명했다.

놀랍게도 45퍼센트에 이르는 고객들이 이 제안을 받아들였다. 이러한 서비스가 수익 구조에 어떠한 영향을 미쳤는지는 미루어 짐작할 수 있을 것이다.

이렇게 성공을 거두고 나서 나는 계속해서 또 다른 마케팅 기회를 찾았다. 예를 들면 영수증을 발송할 때 다른 책을 추천하는 쪽지를 동봉했다. 그리고 며칠 후에 우리는 고객들이 구매에 만족하는지, 궁금한 점이 있는지 물어보는 메일을 보냈다. 물론 이때도 우리는 양질의 다른 제품을 적절하게 추천했다.

현명한 기업들은 자신들이 보유하고 있는 물류용 트럭을 이용해 광고를 한다. 이렇게 하는 데 비용이 얼마나 들겠는가? 도장 비용 외에는 다른 비용이 들지 않는다. 대신 기억하기 쉬운 웹 주소 같은 직접적인 반응을 가져오는 메커니즘이 있어야 한다. 888-4444와 같은 쉬운 꽃집 전화번호라면 모를까 다른 것은 기억하기 어렵다. 그러나 'FlowersOvernight.com'은 쉽게 기억하지 않을까?

성공적인 마케팅을 위해서는 언제나 고객의 반응에 민감해야 한다. 설령 당신이 일반 가게에서 제품을 판매한다 하더라도 고객에게 제품에 관한 자세한 설명이 나와 있는 웹 사이트를 찾는 방법을 말해 줄 수도 있고, 어떤 가게에 가보라고 권할 수도 있을 것이다. 이렇게 함으로써 당신은 고객에게 항상 중요한 정보를 말해 주는 유능한 전략가가 될 수 있다.

3단계 : 첫 번째 잔을 산 사람에게 두 번째 잔을 팔아라

바로 이 단계에서 대부분의 수익을 실현하게 된다.

이미 지속적으로 증명되어 왔듯이, 기존 고객에게 판매하는 데 드는 비용은 새로운 고객을 확보하는 데 드는 비용보다 훨씬 적다. 물론 거절할 수 없는 제안으로 신규 고객 확보를 위한 비용을 줄일 수는 있다. 하지만 기존 고객에게서 얻는 판매 수익은 그 비용을 충당하고도 남는다.

맥도날드는 신규 고객을 확보하기 위해 수천만 달러를 쓰고 있다. 맥도날드가 광고와 마케팅에 쏟아 붓는 비용을 고려하면 처음에 햄버거가 89센트였을 때는 상당한 손실을 보았을 게 분명하다. 그렇지만 매장에 와서 햄버거를 주문한 고객은 청량음료, 프렌치프라이, 애플파이도 함께 주문할 뿐만 아니라, 지속적으로 매장을 찾아오게 된다.

맥도날드는 매장을 찾는 고객에게 "그것 말고 더 필요한 것 없으세요?"라고 물어 보고 다른 것까지도 함께 판매해서 지속적으로 매장을 찾아오게 만든다. 값싸고 맛이 좋고, 신속하게 나올 뿐만 아니라 한 번의 주문으로 원하는 음식을 모두 먹을 수 있기 때문에 고객은 자신이 기대하는 것 이상을 받게 된다.

두 번째 잔의 개념을 제대로 이해하는 사람은 신규 고객 확보를

위해 드는 비용을 두려워하지 않는다. 결국에는 상당한 수익을 실현할 수 있다는 사실을 알고 있기 때문이다. 이를 바로 '유인상품 전략'이라고 한다. 이러한 방법을 사용하면 신규 고객을 확보하기 위해 일시적으로 손실을 보기는 하지만, 그 고객이 다시 매장을 찾게 되어 상당한 수익을 올릴 수 있다.

이러한 개념을 완전히 숙지하면 얼마든지 거절할 수 없는 제안을 활용할 수 있다. 최초의 제안에서 손해를 보겠다고 마음을 먹으면, 높은 수익을 실현하게 될 제안은 물론이고 보다 강력한 시금석을 만들 수 있다.

분석에 의한 마비

많은 사람이 지나치게 테스트하고 조사하는 데 시간을 빼앗겨 마케팅을 중단하곤 한다. 바로 이것이 '분석에 의한 마비'이다. 사실 지나치게 분석에 매달려 정작 중요한 일을 수행하지 못하는 경우가 제법 있다.

테스트와 조사는 중요하다. 하지만 안타깝게도 비즈니스를 하는 대부분의 사람들은 테스트와 조사를 적절하게, 그리고 실질적으로 하는 방법을 모르고 있다.

광고에 상당한 비용을 써야 하는 위험에 처해 있을 경우, 테스트는 특히 중요하다. 테스트를 함으로써 높은 판매 수익을 실현할지, 손실을 가져올지를 가늠할 수 있기 때문이다. 하지만 지나친 분석은 재정적인 위험이 없다 하더라도 가장 값진 자산인 시간을 소비하게 한다.

그런데 모든 것을 테스트해야 한다고 말하는 몇 명의 마케팅 전문가들이 있다. 주지하다시피 모든 것을 다 테스트하는 것은 불가능하다. 당신의 광고 문안을 구성하는 단어 하나하나가 실제로 어떤 결과를 가져오는지 테스트할 생각인가? 물론 그것은 경제적이지 못하다. 당신은 판매에 지대한 영향을 미칠 것 같은 요소들만 자세하게 살피면 된다.

조 슈거맨, 개리 벤키벤가, 개리 할버트, 테드 니콜라스 등과 같은 천재적인 카피라이터들은 DM 광고지를 준비할 경우 무엇보다도 먼저 헤드라인과 주문서를 테스트해야 한다고 말할 것이다. 그들은 이러한 요소를 테스트하는 것만큼 마케팅에 지대한 영향을 미치는 것은 없다고 생각하기 때문이다. 하지만 사람들이 광고의 헤드라인조차 보지 않는데, 그 DM 우편물이 아무리 잘 만들어졌다 한들 무슨 소용이 있겠는가.

각각의 마케팅 광고에는 결과에 영향을 미치는 몇 가지 요소가 들어 있다. 모든 조건이 완벽하고 시간이 충분하다면 보다 나은 테크닉을 위해 노력할 수도 있고, 의심스러운 것들을 시험할 수 있다. 예를 들면, 나는 인터넷 주문장에서 체크 박스를 적절하게 사용함으로써 판매량이 36퍼센트나 급증하는 일을 경험한 적이 있다. 나의 친한 친구인 개리 할버트는 DM 광고지를 발송하는 도시^{city}가 판매에 큰 영향을 미칠 수 있음을 알아냈다.

하지만 이 같은 사실은 노련한 마케팅 담당자들이 이미 테스트를 통해 밝혀낸 정보들이다. 초보자들에게 그것을 시험해 보라고 말하고 싶지는 않다. 그렇게 하는 것은 유익하기는 하지만 매우 위험하다. 이런 테스트에 지나치게 매달리면 분석에 의한 마비를 일으킬 수 있기 때문이다.

어떤 마케팅 요소가 지대한 영향을 미칠 것인가를 재빨리 확인해서 즉시 열성적으로 실행에 옮겨라. 초기 수익이 적다 하더라도 보다 많은 수익을 실현하기 위해 비용을 증가시켜야 한다는 점을 명심하라.

사실, 유인상품을 적극적으로 사용하면 사용할수록 신뢰성을 확보하기가 쉽다. 컴퓨터 학습 CD를 대대적으로 광고한 기업이 있다. 그 기업은 텔레비전 광고를 통해 무료 윈도우 학습 CD 프로그램을 제공하겠다고 제안을 했다. 시청자들은 이 제안을 믿었다. 이 기업은 "저희는 결과에 만족한 고객들이 컴퓨터 학습에 필요한 모든 것을 저희 회사 제품으로 구입할 거라고 믿습니다. 그렇기 때문에 고객들에게 이 프로그램을 무료로 제공할 수 있습니다"라고 솔직하게 말했던 것이다.

이처럼 고객을 다시 불러올 수 있다고 확신할 때 사용하는 유인상품 전략은 그야말로 완벽하다! 특히 30초 광고가 갖는 신뢰성은 구매자의 의사 결정에 불을 댕긴다.

두 번째 제안을 하기에 가장 적절한 때는 첫 번째 판매를 마친 다음이다. 뭔가를 사고 싶은 분위기를 한껏 조성해 놓았는데, 고객이 다시 찾지 않을 이유가 있겠는가?

첫 판매 이후에, 혹은 첫 판매가 이루어지자마자 즉시 사용할 수 있는 몇 가지 적절한 기법을 알아보자.

경고 : 고객이 당신 제품을 다시 찾을 거라는 확신이 서는 경우에만 유인상품 전략을 사용하라. 그렇지 않을 경우에는, 제품을 무료로 주면서 엄청난 손실을 보게 된다. 실패한 마케팅 사례 중에는 유인상품 전략을 무모하게 사용한 경우도 많다.

두 번째 잔을 전달하는 방법

두 번째 잔을 전달하는 방법은 매우 유용한 전략이다. 하지만 대부분의 비즈니스는 그것을 사용하고 있지 않은데, 바로 그것이 비즈니스가 실패하는 가장 근본적인 원인이다. 알다시피 두 번째 잔일 경우, 단지 판매하는 것만으로도 많은 수익을 실현할 수 있다. 그 방법은 다음과 같다.

고가 제품으로 판매 확장하기

일단 제품을 접하게 된 고객은 그 제품에 보다 많은 관심을 갖게 된다. 그들이 '저가' 제품을 구입했다면, 왜 '고가' 제품은 없는지 궁금해 할 것이다.

고가 제품 제안이 최초의 제품 제안처럼 거절할 수 없는 것이라면 10달러에서 100달러로 판매를 발전시키는 일은 어렵지 않다. 그러나 이러한 접근 방식을 남용하지는 말라. 별 볼일 없는 제품, 고객이 생각하고 있는 투자에 대해서 높은 수익을 제공하지 못하는 제품이나 서비스 등을 고가에 팔려고 한다면, 신뢰성을 얻으려는 모든 노력은 수포로 돌아가고 고객도 잃게 된다.

관련 상품 끼워팔기

말을 산 사람은 안장에도 관심을 갖지 않을까? 스켈일링을 받은 환자는 치아 미백에도 관심이 있지 않을까?

하지만 이러한 권유를 할 때는 환자가 "제 치아가 그렇게 이상

한가요?"라고 묻지 않도록 조심해야 한다. 지나치게 공격적으로, 무례하게 제안을 하면 오히려 고객을 쫓아 버리게 된다. 처음에는 제품을 구매한 고객도 결국에는 그 판매 프로세스와 자신을 더 이상 관련짓지 않으려 할 것이다.

전자 대리점이야말로 관련 상품 끼워팔기의 전형적인 모델이다. 대형 텔레비전을 구매하는 고객의 경우, 조금 돈을 더 들이더라도 완벽한 화질에 필요한 적절한 케이블과 다른 부속품들까지 구매할 확률이 높다. 이 같은 관련 상품 끼워팔기 기법은 당신의 수익을 큰 폭으로 증가시켜 줄 것이다.

이런 경우를 생각해 보자. 한 달에 1천 대의 텔레비전을 판매하는데, 이와 함께 관련 부속품을 팔아 1달러씩만 수익을 더 올린다면 연간 1만 2천 달러의 이익을 실현하게 된다.

관련 상품 끼워팔기가 적절하게 이루어져 고객이 좋은 결과를 얻게 될 경우, 고객은 당신이 자신을 유혹했다고 생각하기는커녕 당신이 자신을 도와주었다고 생각하게 된다. 바로 여기에 상당한 차이가 있는 것이다. 고객을 도와줌으로써 판매가 증가하는 것은 물론이고, 아주 짧은 시간 안에 긍정적인 입소문까지 돌게 된다.

후속 판매

앞에서 설명한 2가지 방법은 판매가 이루어지는 시점에서 즉시 사용할 수 있다. 첫 번째 판매가 이루어진 직후에 관련 상품을 판매하고 고가 제품으로 판매를 확장하라. 거래가 이루어지기 전부터 옵션으로 고객을 힘들게 하면 고객은 혼란을 일으킬 수 있다.

개에게 뼈다귀 2개를 던져 준 적이 있는가? 그럴 때 보통의 개는 어느 뼈다귀를 물어야 할지 결정하지 못한 채 혼란스러워한다. 당신이 인정을 하든 하지 않든 선택 사항이 많을 경우에 고객은 혼란을 겪게 마련이다.

따라서 후속 조치는 간단하게 해야 한다. 후속 판매는 최초의 판매가 이루어진 다음날에 이루어질 수도 있고, 1년 후에 이루어질 수도 있다. 여기에 대해서는 이 장의 '지속적으로 고객과 관계를 맺는 비결' 부분에서 좀 더 자세히 살펴볼 것이다.

반복 판매

자연스럽게 고객에게 두 번째 잔을 받아들이게 하는 제품이 있다. 이를테면 월간 잡지 구독자들은 매월 잡지를 구독한다. 고객에게 정기적으로 제공되는 이런 제품은 기본적으로 반복 판매가 보장된다.

여러분은 거티 렌커(Guthy Renker, 미국의 미용제품 회사)라는 이름을 들어 보지 못했을지도 모른다. 그러나 그 기업의 탁월한 인포머셜* 광고는 상당히 유명하다. 이 기업의 한 관계자는 지속적으로 판매가 이루어지지 않을 것 같은 제품은 더 이상 관심을 갖지 않는다고 딱 잘라 말한다.

거티 렌커는 매월 품질 좋은 스킨케어의 리필제품을 할인해 주

---

* 상품이나 기업에 관한 상세한 정보를 제공하여 소비자의 이해를 돕는 광고 수법으로 정보(information)와 광고(commercial)의 합성어이다.

고 있는데, 한번 제품에 만족한 사람들은 매월 기분 좋게 리필제품을 구입한다. 이 기업은 고운 피부를 유지하기 위해 고객이 일정한 돈을 매월 지불하도록 만들고 있는 것이다. 이는 약간 공격적이기는 하지만, 기능성이 뛰어나고 가격이 합리적이라면 지속적으로 수익을 실현할 수 있는 방법이다. 고객에게 유익한 제품이나 서비스는 어느 것이든 많이 알리면 알릴수록 판매에 도움이 된다.

계속해서 고객이 찾아오도록 만드는 몇 가지 아이디어를 살펴보자.

두 번째 잔을 파는 비결

이제 개념적인 차원에서 두 번째 잔을 전달하는 방법에 대해 이해했을 것이다. 내가 만약 당신이라면 다른 사람들이 사용하는 방법과는 거리가 먼, 이전에는 보지 못했던 대담한 마케팅 기술을 고안해 내는 데 대부분의 시간을 보낼 것이다.

이제부터는 개념적인 방법을 실질적인 방법으로 바꾸는 몇 가지 구체적인 기법을 알아보자. 이들 비결은 상상력을 자극해서 보다 많은 가능성을 생각하도록 해줄 것이다. 책을 읽으면서 떠오르는 아이디어를 기록해 두고, 그것들을 즉시 실행에 옮기기 바란다.

교육 강좌

고객들은 당신이 제공하는 제품의 사용법을 제대로 알고 있는가? 그들은 제품을 좀 더 효율적으로 사용하는 방법을 알고 싶어 하지 않을까? 당신에게서 꽃씨를 구입한 고객이라면 정원을 가꾸는 데 관심을 가지고 있지 않을까?

일부 카메라 가게들은 신형 니콘 카메라와 캐논 카메라를 구매한 사람들에게 무료 사진 촬영 강좌를 열어 줌으로써 상당한 수익을 실현했다. 그들은 강좌가 끝난 다음 보다 많은 제품을 판매할 수 있었다.

컨설팅 서비스

대부분의 사람들은 실제로 당신의 제품을 구매하지는 않는다. 이들은 제품에서 얻고자 하는 결과만을 구매할 뿐이다. 고객이 원하는 결과를 보다 쉽게 얻을 수 있도록 당신은 전문 컨설팅을 제공할 수 있다. 컴퓨터 판매업자들은 장비 패키지를 판매한 다음에 모든 것이 완벽하게 돌아가도록 조언을 해주는 컨설팅 서비스를 제공함으로써 비즈니스를 발전시켜 나가고 있다.

패키지 판매

제품을 판매할 때 자연스럽게 관심을 끌 만한 몇 개의 관련 상품을 묶어서 제공하면 어떨까? 그렇게 하면 비용이 훨씬 적게 든다. 여러 가지 제품을 하나로 묶어서 판매하면 더 많은 수익을 얻을 수 있다. 고객이 숨이 막힐 것 같다고 느끼지만 않는다면 이는 높은 투자 수익 제안이 될 수 있다.

보험 및 보증 프로그램 이용하기

적자 때문에 퇴출당한 보험 회사를 본 적이 있는가? 이런 일은 좀처럼 일어나지 않는다. 그 이유가 뭘까? 보험 회사들은 보험 정책에 따라 적절한 가격선과 조건을 정하고 지급과 관련한 모든 것을 계산할 수 있는 공인 회계사를 고용하고 있기 때문이다. 따라서 보험 및 보증 프로그램을 이용함으로써 고객의 이익을 확실하게 보장해 줄 수 있다.

제품에 대한 보증 프로그램을 특별히 잘 운영하는 기업들이 있다. 그런 기업들과 거래를 하면서 자신만의 새로운 수익 흐름을 만들어 나가라.

부가 상품 제공하기

고객의 입장이 되어 상상력을 발휘하라. 당신 제품을 구입한 고객이 그 다음으로 필요로 하는 것들은 무엇일까? 당신이 피자를 판매했다면 고객은 음료수를 원할 수 있다. 데킬라 술을 판매했다면 고객은 레몬이나 소금을 원할 수 있다. 카메라를 산 고객은 줌 렌즈에 관심을 가질 수도 있다. 정장을 구입한 고객은 그 옷이 몸에 더 잘 맞도록 수선하기를 원할 수 있다.

이러한 논리적 부가는 당신의 투자 수익을 높여 주는 요소가 될 수 있다. 사실, 당신은 고객의 투자 수익을 증가시키기 위해 무료로 무엇인가를 제공함으로써 그들이 계속 찾아오도록 할 수 있다. 이미 판매가 이루어진 다음에는 예상하지 못한 놀라운 보너스를 제공하라. 그러면 확실한 인상을 심어 주게 된다. 제품을 구입하고

1주일이 지난 다음에 아무런 조건 없이 사은품을 받았다고 생각해 보라. 사은품을 받은 고객은 다시 가게를 찾아오게 될 것이다. 당신의 후한 인심이 상당한 판매 증대를 불러올 것이다.

위탁 판매

당신에게는 제공할 부가 상품이 없을 수도 있다. 그렇다면 적당한 비즈니스 파트너를 찾아라. 만일 미용 제품을 판매하고 있다면 샴푸 회사와 계약을 하라. 그리고 고객에게 적당한 이익을 남기고 샴푸를 판매하라.

그러나 이 경우에도 당신의 핵심 비즈니스를 잊어서는 안 된다. 당신 자신의 시금석의 명확성을 흐리게 하는 위탁 판매에 지나칠 정도로 매달리는 것은 바람직하지 않다. 언제나 당신 자신의 정체성을 잃지 않도록 노력해야 한다.

지속적으로 고객과 관계를 맺는 비결

당신이 고객과 지속적으로 관계를 유지하는 방법은 당신의 태도에 달려 있다. 또한 그 관계는 당신이 생각하기에 따라 무한히 확장될 수 있다.

고객 접점을 기억하고 있는가? 어느 누구도 판매 제안에 시달리기를 원하지는 않는다. 무리하게 제안을 계속하면 결국 고객은 당신에게서 등을 돌리게 된다. 그러나 고객의 의식에 당신을 뚜렷하게 각인

시킬 수 있는 방법이 있다면 당신은 반드시, 즉시 그것을 해야 한다.

감사 카드

> 존경하는 고객님께.
> 지난번에 찾아 주셔서 정말 감사합니다.
> 앞으로 더욱 정성껏 모시겠습니다.

고객은 감사하다는 말을 좋아한다. 구매에 대해 감사의 마음을 전하라. 더불어 고객이 당신이 판매한 제품이나 서비스에 만족해 하는지 자주 확인하라. 고객이 당신의 매장을 다시 찾아오도록 만든다면 당신은 두 번째 잔을 판매할 기회를 갖게 된다.

고객이 친구들에게 나누어 줄 수 있는 상품권을 무료로 배포하는 것도 좋은 방법이다.

생일 카드

> 생일을 축하합니다!
> 무료 쿠폰을 보내니 저희 매장에 한번 들러 주세요.

이 카드를 받은 고객의 얼굴에는 저절로 미소가 피어오를 것이다. 이 카드 때문에 고객은 당신을 긍정적으로 생각할 뿐만 아니라, 쿠폰을 사용하기 위해 당신의 매장을 찾아오게 된다.

선물은 실질적으로 고객에게 유용한 것이어야 한다. 별 도움이 되지 않는 선물이라면 고객은 당신에 대해 좋은 인상을 갖기보다는 오히려 모욕당했다고 생각할 수 있다. 그러면 당신은 지금까지 쌓아 올린 모든 이득을 단번에 잃게 된다.

정기적인 서비스를 기억하게 만드는 카드

> 귀하께서 스켈일링을 받은 지 6개월이 되었습니다. 아시다시피 6개월마다 스켈일링을 받으시면 충치가 생기지 않을 뿐만 아니라, 섹시하고 밝은 웃음을 유지하실 수 있습니다……

현명한 의사와 자동차 정비공은 이러한 접근 방식의 대가들이다. 사람들은 자동차든, 신체든 정기적인 서비스를 기억하게 만드는 카드에 반응한다.

재생 화질을 최고로 유지하기 위해 정기적으로 헤드를 조여 주어야 하는 비디오처럼 정기적으로 서비스가 필요한 일들이 있다. 그런데 사람들은 그것을 인식하지 못하는 경우가 많다. 서비스를 기억하게 만드는 카드에 효과적인 교육용 자료까지 포함시키면 당신은 분명 보다 많은 고객을 확보할 수 있을 것이다.

뉴스레터

내가 즐겨 사용하는 방법이다. 지금은 정보화 시대이다. 뉴스레터를 이용해서 고객에게 매우 흥미롭고 값진 정보를 정기적으로 전한 다음, 두 번째 잔을 받아들이게 하는 거절할 수 없는 제안을 하는 것은 효과적인 접근법이다.

모든 경우와 마찬가지로, 이때에도 고객에게 항상 가치 있는 것을 제공해야 한다. 가치와 유용성은 당신의 메시지가 정크 메일 junk mail 취급을 받지 않도록 하는 기준이 된다.

특별 이벤트

10월 31일, 모든 사람이 당신의 독특한 의상에 열광하기를 원하십니까? 그렇다면 10월 15일, 매년 거행되는 무료 할로윈 의상 디자인 파티에 참석해 보십시오.

2월 1일, '연인을 사로잡는 발렌타인데이 이벤트'에 관한 무료 강좌가 열립니다. 꼭 참석해 주세요. 연인과 행복한 시간을 보내기 위해 발렌타이데이에 꼭 해야 하는 3가지를 가르쳐 드립니다.

언젠가 나는 근처에 있는 자동차 서비스 센터에서 개업식을 한다는 엽서를 받았다. 그들은 다과뿐만 아니라 손쉽게 사용할 수 있는 소형 타이어 압력 게이지까지 무료로 나눠준다고 했다. 사실 서비스 센터는 부분적으로 리모델링을 했을 뿐인데, 특별 이벤트를 열어 그 이상의 가치를 얻기 위해 고객들을 서비스 센터로 초청한 것이다.

안타깝게도 나는 그 자리에 참석하지 못했다. 하지만 서비스 센터는 기대한 것보다 더 많은 선물, 즉 친절한 교육과 서비스 센터의 전화번호가 인쇄되어 있는 압력 게이지, 할인 쿠폰 등을 제공했다고 한다.

고객의 관심을 끌기 위해 어떤 방법을 사용하든지, 그 자체로 높은 투자 수익 제안이 되도록 하라. 접근 방식이 분명치 않은 판매 광고로 보일 경우에 당신의 노력은 역효과를 불러오게 될 뿐이다. 고객이 두 번째 잔을 받아들이도록 결단력을 갖고 창조성을 발휘한다면, 당신은 오랫동안 성공적인 비즈니스를 할 수 있을 것이다.

 경품을 제공할 때 주의할 점 : 설령 판매할 수 없는 제품이라 하더라도 계획성 없이 무료로 주지는 말라!

1_ 끼워 주기에 적당한 제품을 선택하라. 최신형 전동기를 구매하는 고객에게 보온 담요를 주지는 말라.
2_ 이를 마케팅 과정에 적절하게 통합시켜라. 경품을 줄 때 고객의 연락처를 기입해 놓는 것처럼 간단한 방법을 활용할 수 있다.
3_ 경품을 받은 고객의 연락처를 즉시 활용할 수 있는 효과적인 방법을 고안하라.

이 공식을 따르면 당신의 마케팅 결과는 한층 더 좋아질 것이다.

chapter 8

제안을 강화하는 수단

제안을 강화하는 수단은 제안의 효율성을 높이는 장치로, 이를 통해 효율성이 극대화되는 경우도 종종 있다. 훌륭한 시금석에는 제안을 강화하는 수단이 들어 있다. 제안을 강화하는 믿을 만한 수단을 사용하면 측정 가능한 매우 두드러진 효과를 얻을 수 있다.

앞에서 거듭 강조한 것처럼 거절할 수 없는 제안을 만들었다면 먼저 고객에게 높은 투자 수익 제안을 한 다음에 그것을 강화하는 단계를 밟아야 한다. 하지만 이 같은 수단을 거절할 수 없는 제안에만 국한시킬 필요는 없다. 이는 거의 모든 마케팅 광고에서 효과를 발휘하기 때문이다.

진짜 긴급성과 꾸며낸 긴급성

기한이 얼마 남지 않은 제안을 하면 고객은 상황이 급박하다고 느끼게 된다. 고객이 조금이라도 늑장을 부리다가는 제안을 놓칠 수도 있다는 걸 알고 두려워할 경우, 당신은 오랫동안 구매를 주저하게 만들었던 잠재 고객의 생각을 멋지게 바꿀 수 있다.

텔레비전 홈쇼핑에서 화면 아래에 초 단위로 바뀌는 디지털시계를 보여 주는 이유가 뭐라고 생각하는가? 지금 당장 제안을 받아들이지 않으면 후회할 거라는 사실을 확실하게 시청자들에게 상기시켜 주기 위함이다.

이러한 긴급성은 진짜일 수 있다. 당신은 정말로 오랫동안 다시는 제안할 수 없는 어떤 제품이나 서비스를 제안하고 있는지도 모른다. 그렇다면 고객에게 그 사실을 제대로 전달해야 한다. 그렇게 하지 않는다면 당신은 심각한 태만을 저지르고 있는 것이다.

그런데 당신의 마케팅 상상력은 이러한 긴급성을 인위적으로 만들어 낼 수도 있다. 나는 여기에서 이에 대한 윤리성을 논하지는 않겠다. 다른 책들이 충분히 다루고 있기 때문이다. 하지만 당신이 일부러 긴급한 상황을 연출해 낸다 하더라도 고객에게 솔직하게 다가갈 수 있다는 점을 명심하라. 예를 들어, 당신은 "나는 이것을 지금부터 48시간 이후에는 제안하지 못합니다. 할 수 없어서가 아니라, 나는 결정력이 있는 사람들하고만 비즈니스를 하고 싶기 때문입니다"라고 말할 수 있다.

전설적인 마케터인 조 슈거맨Joe Sugarman은 내가 주최한 세미나에서 이와 관련해 좋은 사례를 직접 보여 주었다. 그는 매우 정교하게 고안된 긴급성 메커니즘을 사용했는데, 상황의 긴급성을 깨닫지 못한 한 사람이 강의가 끝난 다음 그의 제안을 받아들이겠다고 했다. 조는 즉시 그 사람의 어리석음을 조목조목 지적했다. 그는 물론 이 모든 것을 유머러스하게 처리했다.

하지만 중요한 것은 빼놓지 않고 모두 말했다. 그 일을 통해 청중은 긴급성을 효율적인 판매 장치로 사용하는 이유를 알게 되다. 또한 그가 다시 "앞으로 2분 동안에"라고 말했을 때, 그것이 농담이 아닌 걸 알아채고 그의 제안에 굉장히 신속하게 반응했다.

부가 서비스 제공하기

당신의 제안에 몇 가지 예기치 않은 부가 서비스를 포함시키면 고객의 저항력은 그만큼 줄어든다. 당신의 제안을 성사시키는 과정에서 이보다 효과적인 방법은 없다. 거래를 매우 원활하게 체결하기 위해 거래에 부가할 수 있는 보너스를 생각해 보라. 그리고 진짜 값진 것을 제안하라. 이때 '경품을 제공할 때 주의할 점 : 판매할 수 없는 물건이라 해도 계획성 없이 무료로 주지는 말라'를 꼭 기억하라.

위험 요인 없애기

위험 요인을 없애는 것은 절대적으로 필요하다. 고객이 위험 요인에 대해 두려움을 갖는 것은 판매에 상당한 지장을 준다. 당신과의 비즈니스에 도사리고 있는 위험 요인을 없애는 것은 성공적인 판매를 성사시키는 밑거름이 된다.

그 일례로 도미노 피자를 들 수 있다. 그들은 판매에 장애가 되는 모든 위험 요인을 없애 버렸다. 피자가 늦게 배달되면 피자 값을 받지 않을 정도로 말이다.

가능한 한 당신은 환불 제도를 보증해 줌으로써 제안을 뒷받침해야 한다. 나는 소비자들이 이 같은 제도를 악용할지도 모른다고 지레짐작해서 그것을 사용하지 않는 경영자들이 상당히 많다는 사실에 항상 놀란다.

환불제와 관련해 다음의 것들을 알아두면 많은 도움이 될 것이다.

1_ 대부분의 사람들은 제품에 만족한다 하더라도 환불을 해주지 않을지도 모른다는 의심이 들 경우에는 당신을 믿지 않는다.

2_ 당신이 환불해야 할 돈은 위험 요인을 없앰으로써 증가할 판매액보다 훨씬 적다.

3_ 미국은 고객이 만족하지 않을 경우, 법에 따라 구매일로부터 30일 내에 반품을 해주어야 한다. 다수의 국가들이 이와 유사한 법을 시행하고 있다.

4_ 거절할 수 없는 제안을 받아들인 고객들은 자기가 구매한 것에 만

족하기 때문에 소수의 사람들만이 환불을 요구한다.

고객이 당신과의 비즈니스에서 갖는 두려움을 완전히 불식시킨다면 당신은 계속해서 비즈니스를 발전시켜 나갈 수 있다.

위험 요인을 없애는 방법

이제는 좀 더 실질적인 차원에서 생각해 보자. 이러한 방법은 당신의 사고를 제한하지 않는 범위 내에서 사용해야 한다. 위험 요인을 없애기 위해 환불제를 고려한다면, 위험 요인을 없애는 좀 더 다양한 방법을 사용할 수 있다.

환불 보증
"100퍼센트 만족하지 않으면 반품해 주세요. 전액을 그 자리에서 환불해 드리겠습니다."

이것처럼 확실하게 위험을 없애 주는, 고객에게 잘 먹히는 방법은 없다. 고객이 다시 찾아와 환불을 해달라고 할까봐 전액 환불해 준다는 사실을 굳이 알리지 않는 사람들이 많다. 하지만 당신은 이제 이 방법이 갖는 장점을 제대로 파악했을 것이다. 따라서 여전히 석기 시대의 사고방식에 사로잡혀 있는 경쟁자들을 가뿐히 물리칠 수 있을 것이다.

관대한 결제 방법

"당장 20달러만 결제하면 제품을 먼저 받아볼 수 있습니다."

금액의 일부만 결제해도 될 경우, 고객은 전체적으로 위험이 낮다고 인식하게 마련이다. 대부분의 사람은 첫 번째 결제 이상을 생각하지 않는다. 몇 년 동안에 걸쳐 매달 19달러씩 결제한다 하더라도, 고객은 '지금 19달러만 내면 되는 거야'라고 쉽게 생각하기 때문이다.

제품에 대한 자신이 있다면 이처럼 관대한 결제 방법을 이용해 보다 호소력 있게 위험 요인을 없앨 수 있다.

유인상품

"첫 제품은 공짜로 드립니다."

제약 회사 세일즈맨들은 툭하면 무료 샘플을 제공하는데, 여기에는 그럴 만한 이유가 있다. 앞에서 살펴보았듯이 유인상품 전략이란 최초로 제공하는 제품을 할인해 줌으로써 당장은 비용 손실을 보지만 미래에 더 큰 이익을 도모하는 전략을 말한다. 특히 고객 유인용 제품이 무료이거나 소비자가 신경 쓰지 않을 정도로 저가인 경우, 그다지 위험 부담을 느끼지 않는 소비자로부터 쉽게 반응을 얻을 수 있다.

나는 이러한 전략을 사업 경험이 전혀 없는 사람이나 금전적인 위기를 겪고 있든 기업에게는 추천하지 않는다. 수익을 실현하기에 앞서 이 전략의 긍정적인 모든 면들이 기능하기에는 어느 정도의 시간이 걸리기 때문이다. 그러나 경험이 풍부하고, 위험을 잘 견디는 마케터들에게는 이 전략처럼 강력한 무기도 없다.

제약 회사 세일즈맨들은 매우 영리한 마케터는 아니지만, 중독성이 있는 제품을 판매하기 때문에 첫 무료 샘플을 줄 때는 손해를 보더라도 한 번 미끼를 문 고객이 계속해서 찾아온다는 사실을 잘 알고 있다.

보증

"향후 5년 동안 어떤 문제가 생기더라도 무료로 고쳐 드립니다."

"24시간 서비스를 보증합니다."

당신이 판매하는 제품이 소비자가 고장에 대해 지나치게 걱정하는 제품이라면 보증이야말로 위험 요인을 없애는 가장 강력한 수단이다. 고장이 날 경우, 전화만 걸면 즉시 찾아와 수리해 준다는 사실을 알면 소비자의 걱정은 크게 줄어든다.

성과에 따른 보수

"지금 당장은 돈을 내지 않아도 됩니다. 수익이 생길 경우에만 돈을 받습니다."

유능한 마케팅 컨설턴트는 결과에 대해서만 비용을 받는다. 자신의 능력을 확신하고 있기 때문이다. 이 방법 역시 고객의 위험 요인을 해소시켜 준다. 고객은 '그가 내 수익을 증가시켜 준다면 수익의 10퍼센트쯤이야, 아무것도 아니지. 하지만 이익을 내지 못한다면 그 어떤 것도 줄 수 없지'라고 생각한다.

제품이 우수하다고 확신한다면, 결과를 예측하는 훌륭한 능력을 가지고 있다면, 나아가 고객이 당신을 신뢰하도록 만드는 비법이 있다면 이것만큼 뛰어난 전략은 없다.

무료 지원

이는 소프트웨어 기업을 위한 멋진 전략이다. 많은 사람들이 사용법을 제대로 알지 못한 채 제품을 구입하곤 한다. 그런데 기업들은 이 같은 소비자들의 고통을 외면하면서 제품 사용과 관련된 지원에 대해서도 비용의 지불을 요구하고 있다.

나는 수많은 소프트웨어를 판매해 본 경험을 통해 무료 지원 제안이 항상 괜찮은 매출 모델은 아니라는 사실을 알게 되었다. 고객에게서 일시불로 결제를 받기도 힘들고, 그 뒤로 수년 동안 고객에게 서비스하는 것도 힘들었다. 이런 경우에는 어떻게 할 것인가?

몇 년 전에 대폭 할인된 가격에 소프트웨어 소스 코드 패키지를 판매한 적이 있다. 코드 개발에 무려 100만 달러 이상이 소요되었지만, 나는 코드를 2천 명에게 단돈 1천 달러씩을 받고 판매했다. 그들에게는 상당히 괜찮은 제안이었지만, 나는 그와 같이 엄청나게 싼 가격으로 코드를 지원한다는 것이 이치에 맞지 않는다는 사실을 알고 있었다.

그래서 나는 자체적으로 운영되는 사용자 커뮤니티와 적절한 가격으로 그들을 도울 수 있는 컨설턴트들을 하나로 묶었다. 커뮤니티는 상당수에 이르는 구매자의 위험을 해소시켜 주었고, 구매를 하도록 부추기는 역할을 했다.

사용 후 구매
"비용은 30일 동안 제품을 사용해 본 다음에 지불하십시오."

전설적인 광고 카피라이터인 개리 할버트Gary Halbert는 이 방법이야말로 자신이 사용해 본 가장 강력한 전술이라고 했다. 하지만 그는 '극히 일부의 사람들만이 이 방법을 사용할 뿐이다'라고 덧붙였다.

그는 고객에게 서명을 한 수표를 보내라고 하면서 고객이 제품을 만족한다는 사실을 확신할 때까지 30일 동안 수표를 현금으로 바꾸지 않겠다고 약속했다. 중요한 사실은 대부분의 사람들은 자신이 수표를 보냈는지조차 잊어버리기 때문에 상상 이상으로 위험이 낮았다는 것이다.

획기적인 아이디어
"3배를 보상해 드리겠습니다!"

미친 소리처럼 들릴 수도 있을 것이다. 그런데 100개의 제품 가운데 1개만 고장이 나는 경우를 생각해 보자. 그럴 경우 고객에게 3배의 돈을 보상해 주겠다고 하더라도 결국 고객의 1퍼센트만이 3배를 보상받게 되므로 그 액수는 그다지 크지 않은 게 사실이다.

게다가 실제로 보상을 요구하는 사람은 소수에 불과하다. 이를 판매 증가분과 비교해 보라.

"당신이 제대로 작동시킬 수 없다면 직접 방문해서 설치해 드리겠습니다."

이 제안이 얼마나 효과적으로 기능하는지는 시험을 해봐야 하지만, 제품을 설치하는 것이 아주 어렵지 않으면 소수의 사람만이 이 서비스를 이용할 것이다. 또한 손쉽게 따라할 수 있는 가이드북이나 책자를 함께 제공할 경우 위험 부담은 대폭 줄어든다.

무슨 말인지 알겠는가? 위에서 제시한 사례들은 시금석만한 가치를 지니지는 않지만, 확실히 광고 강도를 높여 준다. 이러한 방법들을 이용해 점차 위험 요인을 없앤다면 놀라운 결과를 얻게 될 것이다.

희귀성

사람들은 소수의 사람들만이 가질 수 있는 제품을 구매하고 싶어한다. 당신은 그러한 인간의 본성을 이용할 수 있다. 또한 사람들은 손해에 대한 두려움을 가지고 있다. 따라서 당장 구매하거나 행동을 취하지 않으면 손해를 볼 것 같은 두려움에 떠는 소극적인 잠재 고객은 즉각적으로 행동을 보이게 된다.

이따금 미술 작품 경매에 가보라. 특별한 미술 작품의 수량이 한정되어 있을 경우, 경매인은 항상 그 점을 강조한다. 구매자들은 무한정 많지 않은, 수량이 한정되어 있는 작품에 더 큰 관심을 보인다. 물론 작품이 단 하나밖에 없다면 그 희귀성으로 인해 값이 천정부지로 치솟을 수도 있다.

제공하는 제품이나 서비스가 제한적이면 고객은 나중에 후회하는 일이 없도록 그 기회에 그것을 반드시 구매하려고 한다. 물론 어느 제품이나 이러한 방법을 사용해서는 안 된다. 도미노 피자의 수량이 한정되어 있다고 말하는 것은 정말이지 우스꽝스럽다. 하지만 보석상, 미술품이나 사진 매매상은 항상 이런 전략으로 꽤 괜찮은 결과를 실현한다.

그런데 아이러니한 것은 패스트푸드 체인점도 이 전략을 이용해 높은 효과를 본다는 것이다. 맥도날드는 이따금씩 몇 주 동안만 판매하는 한정 메뉴를 내놓는다. 처음에 많은 사람들은 이러한 전략에 누가 신경이나 쓸까 궁금해 했다. 그러나 실제로는 꽤 많은 사람들이 이러한 한정 메뉴가 나오는 시기를 기다린다. 그리고 이러한 메뉴를 열광적으로 좋아하는 사람들끼리 관련 동호회를 만들기도 한다.

용이함

당신과 비즈니스를 하기가 어렵고 복잡하다면 어느 누가 고객이 되려고 하겠는가? 당신에게 제품이나 서비스를 주문하는 과정은 간결하고 쉬워서 복잡한 사고를 요하지 않아야 한다. 고객이 어떻게 주문해야 하는지 고민하게 만들어서는 안 된다. 판매 이전에 이루어지는 어떤 질문도 거부하면 안 되고, 꾸물거리거나 회피해서도 안 된다. 고객의 입에서 "정말 대단한 제품이네요! 그런데 어떻게 주문하지요?"라는 말이 절대로 나와서는 안 된다.

나의 마케팅 멘토 중 한 명인 조 비테일Joe Vitale은 타코마 치프라는 기타에 대한 광고를 보자마자 흥분을 감추지 못한 채 당장 구매하려고 했던 때의 일화를 들려주었다. 그는 광고를 꼼꼼히 살펴보았는데, 회사와 연락을 취할 방법이 어디에도 없었다. 웹 사이트도 없었고, 전화번호도 없었고, 주소도 없었던 것이다.

그렇다면 악기점에 진열되어 있지 않을까 생각하고, 그는 전화번호부에 나와 있는 악기점이란 악기점에는 모두 전화를 걸었다. 단 한 군데 악기점에서만 그런 기타에 대해 들어 본 적이 있다고 했다. 그러나 그 악기점 주인도 기타에 대해 들어 보았을 뿐, 기타를 구할 수 있는 방법은 모른다고 했다.

그는 지금도 그것을 구입하지 못해 안타까워하고 있다. 그 회사가 광고에 웹 사이트나 전화번호만 남겼더라도 그는 즉시 기타를 구매했을 것이다.

판매 과정에 불필요한 단계나 혼란을 부가시키면 판매에 부정적인 영향만 미치게 된다. 이런 기업은 판매 과정의 시작 단계에서부터 고객에게 100피트의 돌담을 뛰어넘도록 요구하는 것과 다를 바 없다.

팁 : 전 판매 과정을 직접 단계별로 밟아 보도록 하라. 각 과정마다 정직하게 자신에게 물어보라. 만약 당신이 고객이라면 어떨까? 구매 과정은 간단할까? 어떻게 하면 구매 과정을 보다 간단하게 할 수 있을까? 하고 말이다. 그리고 구매 과정만을 처리하는 직원을 채용해 그의 의견을 들어 보라.

유능한 자동차 세일즈맨은 당신과 상담을 하는 동안에 당신의 매출 전표를 작성해 줄 것이다. 이렇게 하면 당신이 처리해야 하는 일이 줄어들게 된다.

가격 속임수

대부분의 사람들은 판매를 증가시키기 위해서는 당연히 가격을 낮춰야 한다고 생각한다. 그런데 언제나 이 전략이 효과가 있는 것은 아니다. 제품이나 서비스의 가격이 낮아지면 실제로 판매가 줄어드는 경우도 있다. 그 이유는 다음과 같다.

7과 9의 법칙

제품의 가격을 낮춘다고 해서 항상 판매가 증가하지는 않는다. 어떤 경우에는 판매가의 마지막 자리가 7이나 9로 끝날 때 판매가 더 증가한다. 당신이 알맞은 숫자 조합을 알고 있다면 비즈니스에 상당한 영향을 미칠 수 있다.

예전에 다운로드할 수 있는 소프트웨어의 가격을 각각 97달러,

99달러, 95달러 3가지로 달리 해서 비교해 본 적이 있다.

97달러 제품이 99달러 제품보다 많이 팔렸다. 놀랄 것도 없다. 2달러가 싸기 때문이다. 그런데 97달러 제품이 95달러 제품보다 많이 팔렸다. 그렇다. 97달러 제품이 95달러 제품보다 무려 5배나 많이 팔렸던 것이다. 오히려 2달러가 더 비싼데, 어떻게 판매가 5배나 증가했을까?

대부분의 마케팅 담당자들은 '7과 9의 법칙'을 잘 알고 있다. 하지만 중요한 것은 본인이 직접 실험을 해봐야 한다는 것이다. 어떤 조합이 최고의 매출을 실현해 줄지 생각해 보라.

가격이 올라감에 따라 높아지는 지각 가치

제품의 가격이 현저하게 높아지면(끝자리가 7이 되든 9가 되든 상관없이) 오히려 판매를 증대시킬 수 있다. 로버트 치알디니Robert Cialdini는 『설득의 심리학Influence』에서 보석상 주인이 점원에게 모든 제품의 가격을 절반으로 내리라고 지시했던 사례를 보여 주었다.

판매가 시원치 않자 주인은 재고품을 신속히 처분하려는 마음뿐이었다. 그런데 점원은 보석상 주인의 지시를 잘못 이해해서 가격을 2배로 인상해서 팔았다. 그렇게 일은 묘하게 진행되었다. 그날 밤, 보석상의 재고품은 하나도 빠짐없이 모두 팔려 나갔다. 비싼 가격이 보다 높은 지각 가치를 창출한 것이다.

비교

제품의 가격을 낮게 보이도록 하기 위해 비싼 제품과 비교하거나, 제품 가격과 제품의 '실질 가치'를 비교하는 것은 전통적인 마케팅 방법 중 하나이다. 이는 믿을 수 없을 정도로 대단한 비결로 마케터들에게 상당히 인기가 높다.

자동차 세일즈맨과 공인중개사들은 차량이나 부동산을 보여 줄 때 대체로 높은 가격의 모델을 먼저 보여 준다. 왜 그럴까? 유능한 세일즈맨은 굉장히 비싼 모델을 먼저 보여 주고 결정권을 고객에게 맡기면 고객은 원래 자신이 구매하려던 것보다 조금 더 비싼 모델을 구매할 가능성이 높다는 사실을 알고 있기 때문이다.

20만 달러에 달하는 벤틀리와 페라리를 보고 나면 6만 달러의 포르쉐는 고가로 보이지 않는다는 사실을 생각해 보면 이해할 수 있을 것이다.

다이렉트 마케터들은 이러한 기술을 철저하게 숙지하고 있다. 잘 만들어진 광고 문안은 소비자가 구매하려는 제품이나 서비스의 가치를 정확하게 꿰뚫어 본다. 그러한 광고 문안은 소비자의 지각에 호소해서 그 제품이 수천 달러에 판매될 것이라고 예상하게 만든다.

이 같은 광고 문안을 읽은 다음에 397달러라는 가격표가 붙어 있는 책과 테이프로 가득 찬 상자를 보게 되면 소비자는 그것을 저가에 구매한다고 생각하게 된다.

이 전략은 인포머셜 광고에서 자주 이용되고 있다. '지금 당신은 얼마를 지불할 것인가?'라는 구절을 얼마나 많이 들어 보았는가? 인포머셜 광고는 고객이 받을 수 있는 혜택을 계속 추가하는 방법으로 패키지의 가치를 점점 높여간다.

159달러의 가치가 있는 제품을 단지 19.97달러에 손에 넣을 수 있다면 이는 절대로 놓칠 수 없는 제안이다. 교육을 많이 받은 사람들은 이러한 전략을 비웃지만, 그들 역시 다른 사람이 보지 않을 때 몰래 이러한 제품을 구매한다.

할인 · 적립 쿠폰

이 방법들은 일종의 비교에 해당한다. 제품 가격이 100달러인 경우, 20달러를 할인받으면 정말 운이 좋다고 생각하게 된다. 제품 가격이 80달러일 때도 20달러를 할인받으면 훌륭한 거래를 했다고 느끼게 된다.

이러한 전략을 채택하는 방법은 무수히 많다. 사람들이 이 같은 전략을 어떻게 효과적으로 사용하고 있는지를 알기 위해 신문을 꼼꼼히 훑어보는 습관을 길러라. 상점에 들어가면 실내를 구석구석 살펴라. 신문이나 잡지를 다 읽은 다음에, 또는 대형 마켓에서 나올 때 새로운 마케팅 아이디어가 떠오르지 않는다면 당신은 지금보다 마케팅 전략에 더 관심을 기울여야 한다.

실질적인 독특함과 인지된 독특함

고객이 몹시 원하는 제품을 오직 당신만이 제공해 줄 수 있다면 판매는 매우 쉽게 이루어진다. 200살까지 살 수 있는 비결을 알려주는 단 하나의 기업이 있다고 하자. 그 기업의 제품을 구입하지 않을 사람이 어디 있겠는가?

이것이 바로 로서 리브스가 말하는 USP(독특한 판매 제안)이다. 이는 매우 효과적이다. 고객이 원하는 서비스나 제품을 유일하게 제공해 주는 사람이 당신이라는 사실을 고객이 믿도록 만들어라.

그러나 실제로 독특한 것만이 최고는 아니다. 무엇보다 중요한 것은 고객이 당신과 당신의 제품을 독특하다고 인식하게 만드는 것이다. 대부분의 사람들은 잠재 고객이 자신의 경쟁 분야에 대해 잘 알고 있을 거라고 오해하고 있다. 그러나 잠재 고객은 당신의 경쟁 분야에 대해 그렇게 자세히 알고 있지 않다.

따라서 당신의 경쟁자들이 광고를 엄청나게 쏟아 붓더라도 그들과 당신을 구별해 주는 독특한 시금석을 중심으로 광고에 주력한다면 그들을 손쉽게 막아낼 수 있다. 이렇게만 하면 고객은 당신의 접근 방식을 충분히 알아차리고, 당신의 경쟁업체들을 눈여겨 보지 않을 것이다.

소문을 내도록 하라. 최고가 되라. 가장 강력한 시금석을 가져라. 당신이 독특하다고 소리쳐라. 당신의 잠재 고객이 경쟁업체의 광고를 보지 않고 당신의 광고만을 보도록 만들어라.

당신이 판매하고 있는 제품이 현재는 독특하지 않더라도 거절할 수 없는 제안을 해서 제품을 독특하게 만들 수 있다. 도미노 피자는 확실히 피자 업계의 유일한 기업은 아니었지만 '30분 배달 보증제'를 독보적으로 지켜 나갔다. 도미노 피자는 독특하지는 않았지만 창의적인 마케팅 전략을 발판으로 독특함을 능가하는 결과를 이루어 냈다.

브랜드 가치와 포지셔닝

이에 대해 상당히 많은 논의가 이루어지고 있다. 나는 알 리스와 잭 트라우트의 『포지셔닝Positioning』을 반드시 읽을 것을 권한다.

그 책에서 가장 강조하는 것은 '당신의 제품이 업계에서 최고로 인정받고 있다면 당신은 마케팅의 효과를 기하급수적으로 증가시킬 수 있다. 바로 그것이 당신의 브랜드가 가진 힘이다'라는 것이다.

사적인 이야기를 해보자. 페라가모의 정장을 보고 있노라면 나는 그것을 입은 근사한 내 모습을 상상하게 된다. 개인적으로 좋아하지 않는 프라다가 보다 멋진 정장을 출시한다 하더라도, 나는 계속 페라가모의 정장을 입을 거라고 자신 있게 말할 수 있다. 바로 그것이 내가 두 브랜드를 바라보는 방식이기 때문이다.

거절할 수 없는 제안이 갖는 힘은 당신 브랜드의 가치가 증가함에 따라 배가된다. 우리는 많은 요인들을 기준으로 브랜드를 평가한다. 하지만 그 모든 것 가운데 가장 강력한 것은 브랜드 포지션이다.

포지션은 최고, 신속, 최저가 등의 일정한 특성을 가진 것과는 전혀 관련이 없다. 그것은 제품을 살펴볼 때 당신의 머릿속에 가장 많이 떠오르는 생각과 관련이 있다.

포지셔닝에서 가장 중요한 지침은 시장에서 최고의 위치가 되는 것이다. 소비자들은 눈을 가린 상태에서는 코카콜라와 펩시콜라 중에서 십중팔구 펩시를 선택한다는 사실을 알고 있는가? 그러나 코카콜라는 청량음료 시장에서 1인자의 자리를 지키고 있다. 시장을 선점했기 때문이다.

블루진의 스타일은 날씨가 바뀌는 것보다도 더 자주 바뀌었지만, 여전히 리바이스가 최고의 자리를 지키고 있다. 이것 역시 리바이스라는 브랜드가 최고이기 때문이다.

이러한 현상은 '첫 번째'라는 심리에 의해서 이루어진다. 제품명이 적혀 있는 리스트를 떠올릴 경우, 당신은 중간에 있는 제품보다는 리스트의 처음에 나오는 제품을 10배 이상이나 더 잘 기억해 낼 수 있다.

그러나 '최신, 새로움'은 이러한 방정식의 반대 면을 잘 보여 준다. 누구나 리스트 중간에 있는 품목보다는 리스트의 마지막에 있는 품목을 기억하기 쉽다.

이것 때문에 코카콜라는 여전히 지속적으로 광고를 한다. 코카콜라는 사람들의 마음속에서 가장 높은 곳에 안전하게 자리 잡고 있지만, 그것을 계속 유지하기 위해 '새로움'이라는 현상을 이용하고 있는 것이다.

그런데 시장에서 최고의 제품이 아니라 하더라도 공격적으로 광고를 하면 최고의 제품이 될 수 있다.

간혹 이러한 방법으로 새 브랜드를 창출하려는 기업을 파멸시켜 버리는 기업들도 있다. 이들 기업은 개척 기업을 시장에서 퇴출시켰다. 어떻게 이런 일이 가능할까? 이들은 광고 폭격으로 더욱 강하고 신속하게 시장을 공격했고, 소비자의 의식을 멋지게 지배해 버렸기 때문이다. 심지어 개척 기업들은 소비자들이 자신의 존재를 알기도 전에 퇴출되어 버렸다.

이는 곰에게 쫓기는 2명의 등산객에 관한 옛날이야기와 비슷하다. 한 등산객이 다른 등산객에게 "자네는 얼마나 빨라?"라고 묻는다. 동료는 "아주 빠를 필요는 없어. 자네보다만 빠르면 되니까"라고 대답한다. 바로 그것이 포지셔닝을 이해하는 요령이다. 당신은 시장에서 반드시 첫 번째가 되지 않아도 된다. 하지만 고객이 인식하는 첫 번째가 되도록 해야 한다.

믿을 만한 사람의 추천

이것은 제안을 강화하는 가장 강력한 수단이다. 당신이 잘 알고 있고, 존경하는 누군가가 제품을 추천해 준다면, 당신은 그 제품을 더 믿게 되고 직접 확인하고 싶어질 것이다. 입소문 마케팅은 너무나 강력해서 좋지 않은 무수한 광고들을 무색하게 만든다.

높은 투자 수익을 가져오는 제안을 하면 자연스럽게 입소문을 통한 추천이 많아지게 된다. 높은 투자 수익 제안은 입소문 광고의 필요조건인 것이다. 사람들은 친구들에게 질 낮은 제품이나 서비스를 권하지는 않는다.

이는 아주 강력한 강화 수단이기 때문에 이를 통해 판매 프로세스를 가속화시킬 수 있다. 마케팅 메시지의 입소문을 장려하라. 그리고 그것이 들불처럼 커지는지를 유심히 지켜보라. 당신은 여러 가지 접근 방식을 시도해 봐야 하지만, 어떤 마케팅 계획이든지 이 접근 방식을 기본으로 삼아야 한다.

당신의 인센티브는 다양한 형태를 띨 수 있다는 것을 명심하라. 인센티브는 돈이 아니어도 된다. 가격 할인이나 무료 서비스 쿠폰 또는 어떤 다른 혜택이 될 수도 있다. 인센티브를 제공하라. 그러고 나서 거래량과 판매량이 얼마나 폭발적으로 증가하는지를 주시하라 .

chapter 9

제안 연속체

거절할 수 없는 제안이 정말 좋은 제안이라는 사실을 당신은 어떻게 아는가? 당신의 제안이 얼마나 효과가 있는지를 예측할 수 있는가? 테스트를 해보지 않고 이 같은 질문에 답하는 것은 불가능하다. 그러나 몇 가지 경험을 토대로 추측할 수는 있다. 현명한 시작점을 가지고 있지 않으면 당신의 모든 노력은 시간 낭비가 될 가능성이 대단히 높다.

나는 마케팅은 한편으로는 기술이고, 다른 한편으로는 과학이고, 마술이라고 생각한다.

잘 만들어진 마케팅 실험물을 가지고 있으면 당신은 어떤 것이 기능하는지, 기능하지 않는지에 대해 신뢰할 만한 예측을 할 수 있다. 그것이 바로 광고의 과학이다. 다른 광고와 대비해서 광고의 1가지 버전에 대해 간단하게 분리된 시험을 하고(광고의 버전을 적절하게 여러 가지로 분리시킬 수 있다는 가정하에), 통계적으로 중요한 관찰이 되도록 해주는 충분한 데이터를 수집한다면 이 예측은 신뢰할 만한 것이 된다.

소비자에게 가장 효과적인 광고를 계획해서 실행하는 것이야말로 마케팅의 기술이다. 광고가 비효율적일 경우에는 모든 과학적 지식과 세상의 모든 상식을 동원해서 시험을 하더라도 광고 효과에 전혀 도움이 되지 않는다. 당신은 수준 미달인 A광고가 보다 떨어지는 B광고보다는 낫지만, 두 광고 모두 별 볼일 없는 광고라는 사실을 통계에 기초해 확실하게 밝혀낼 수 있어야 한다.

마케팅의 마술은 결과에 영향을 미치고 있는 당신 자신의 열정, 믿음, 자신감과 관련이 있다. 이는 다른 책에서 다루는 문제이기는 하지만, 나는 당신의 기대가 실제로 당신의 마케팅과 비즈니스에 지대한 영향을 미칠 것이라는 점을 자신 있게 말할 수 있다. 결과가 좋을 거라고 믿고 기대한다면 실제로도 그럴 가능성이 높아진다. 이와 반대로 좋지 않은 것을 기대한다면 결과 역시 좋지 않을 가능성이 높다.

이러한 사실을 바탕으로 당신의 마케팅 기술을 개선시켜 줄 질문들을 도출해 낼 수 있다. 이 질문들은 어떤 것이 효과적인 제안인지 예측하고 평가하는 데 도움을 줄 것이다. 거절할 수 없는 제안을 만들 경우, 이 질문들을 사용하면 상당히 많은 도움을 받을 수 있다.

제안 연속체를 만드는 방법

이제부터 어떠한 제안에 대해서든지 당신이 스스로에게 물어볼 수 있는 일련의 질문을 살펴볼 것이다. 이는 순위나 점수와는 전혀 관련이 없다. 여기에서 중요한 것은 가능한 한 최고의 점수를 얻는 것이 아니라, 관찰과 통찰을 도출해 내는 것이다.

이 도구를 사용해서 당신의 제안을 있는 그대로 평가하라. 장단점을 파악하고, 뒤로 물러서서 전체적인 그림을 살펴라. 이들 요소는 진공 상태에 있지 않다.

이를테면 몇 가지 분야에서 높은 점수를 얻을 경우 가격이 지극히 높은 것은 문제가 되지 않을 수도 있다. 높은 가격이 오히려 당신에게 도움이 되는 경우도 있다.

그러나 가격이 높은데도 불구하고, 다른 분야에서 그것을 정당화할 정도로 점수가 높지 못하다면, 당신은 자신의 제안을 다시 평가해야 한다. 이러한 연습은 당신이 시금석을 결정하는 데 도움이 될 것이다.

예를 들어 '필요성이 확실한가?'에 '10점'을 주었다면 이때 당신은 분명한 시금석을 갖고 있고 즉시 다음 단계로 넘어갈 수 있다. 반면 필요성에 그다지 높은 점수를 줄 수 없다면 먼저 필요성의 문제를 해결해야 한다.

이러한 각각의 질문들을 통해 당신은 매우 유익한 통찰력을 갖게 될 것이다. 지금부터 이에 대해 조금 더 자세하게 알아보도록 하자.

필요성이 확실한가?

이런 관점에서 보면 페덱스 같은 기업은 축복받았다고 할 수 있다. 페덱스의 필요성은 확실하다. 익일 배달을 원할 경우에 사람들은 페덱스에 전화를 건다. 이처럼 제품에 대한 필요성이 확실하면 사람들은 당신의 제품을 즉각적으로 구입할 것이다. 늑장을 부릴 이유가 어디 있겠는가?

하지만 필요성이 확실하지 않을 경우에는 어떻게 할 것인가? 어쩌면 당신은 당신이 개발하기 전에는 존재하지 않았던 새로운 브랜드의 제품을 판매하고 있을지도 모른다. 아마도 그것은 간단하게 설명하기 어려운 제품일 것이다.

당신의 필요성이 겉으로 보기에는 확실하지 않다 하더라도 걱정하지는 말라. 고객이 제일 원하는 것, 다시 말해 당신 제품이 충족시켜 줄 필요성을 중심으로 당신만의 시금석을 만들면 된다.

예전에 나는 사람들에게 설명하기 어려운 제품을 생산한 적이 있다. 그 회사의 이름은 지금은 없어진 스타트블레이즈StartBlaze이다. 스타트블레이즈가 무슨 일을 하는 곳인지 단 몇 마디로 설명하는 것은 정말 어려웠다.

스타트블레이즈는 웹 사이트 상에서의 거래를 제공하는 회사였다. 나는 스타트블레이즈를 위해 효율적인 시금석을 만들었고, 판매는 활화산이 타오르듯이 폭발적으로 이루어졌다. 스타트블레이즈의 시금석은 "1달러만 내면 당신의 웹 사이트에 1천 명의 고객을 보내 드립니다"였다.

당시 스타트블레이즈가 무엇을 했는지, 고객들에게 어떻게 서비스를 했는지를 자세하게 설명하지는 못하겠지만, 스타트블레이즈가 고객이 간절하게 원하는 필요성을 충족시켜 주었다는 것만은 자신 있게 말할 수 있다.

고객이 절실히 원하는 것인가?

고객이 당신이 제공하는 것을 진실로 원하지 않는다면 당신은 그것을 팔기 위해 험난한 길을 걸어야 할 것이다. 반대로 고객이 당신이 판매하는 제품이나 서비스를 반드시 가져야 한다면, 또는 그들의 생활이 그것 없이는 불편하고 어려워진다면 당신은 유리한 입장에서 판매를 하게 된다.

소비자가 당신의 제품을 원하지 않으면 그들이 원하는 제품을 만들어야 한다. "필요한 제품을 팔아서는 부자가 되지 못한다. 소비자가 원하는 제품을 팔아야 부자가 된다"라고 말하는 마케터들도 있다.

그런데 '소비자가 원하는 제품'을 생산하는 사람들도 그들이 원하는 것이 무엇인지 꼭 집어 말하기는 쉽지 않을 것이다. 소비자의 구매 욕구를 고안해 내기 위해서는 끊임없이 마케팅에 노력을 기울여야 한다.

이를테면, 대부분의 여성은 청혼을 받을 때 다이아몬드 반지를 받고 싶어한다. 그런데 이제는 점차 다이아몬드 반지 없이 청혼하는 것이 이상한 일로 여겨지고 있다. 다이아몬드 반지가 '원하는' 것에서 '필요한' 것으로 바뀌고 있는 것이다.

다이아몬드 반지에 대한 여성들의 욕망은 어디에서 비롯되었나? 확실히 그것은 문화의 일부분이다. 남성이 약혼녀에게 선물할 다이아몬드 반지를 구입하는 것은 오래된 관습임에 틀림없다.

반지를 선물로 주는 전통은 그리스 로마 신화로까지 거슬러 올라가지만 세계적인 다이아몬드 회사인 드비어스De Beers가 광고를 시작했던 1940년대가 결정적인 기점이 되었다.

드비어스의 광고는 다이아몬드 반지를 문화적 표준으로 만들었다. 심지어 드비어스는 다이아몬드에 대한 욕망뿐만 아니라, 희귀성까지도 인위적으로 조작했다는 얘기가 있다.

정말 인상적이지 않은가? 드비어스는 다이아몬드 반지가 문화의 표준이 되도록 수요를 창출한 뒤 가격을 높이기 위해 수량을 감소시켰다.

여기서 말하고자 하는 바는 무엇인가? 그렇다. 필요성이 없는 곳에서도 욕구를 만들어 낼 수 있다는 것이다. 드비어스가 다이아몬드 반지를 청혼의 상징으로 만들고, 개리 달Gary Dahl이 돌을 애완

용으로 만들었다면 더 이상 한계는 없다. 한계는 오직 상상 속에만 있을 뿐이다.

하지만 당신이 판매 최면술을 쓸 수 있는 전문가가 아니라면, 고객의 필요성을 충족시키는 데에 보다 집중하길 바란다.

어느 정도 논란을 일으킬 수도 있지만, 이번에는 앞에서 살펴본 것과 완전히 다른 각도에서 생각해 보자. 다이아몬드와 애완용 돌은 실제로 고객의 필요성을 만족시키고 있다고 주장할 수 있다.

모든 사람은 오락을 원하고, 이런 면에서 애완용 돌도 오락을 제공해 준다. 또한 남성이 여성 앞에서 돈을 자랑하고 싶고, 다른 사내들에게 "그 여자에 대해서 관심 꺼!"라고 말하고 싶을 때, 다이아몬드가 이 같은 필요성을 충분히 충족시켜 준다고 강력하게 주장할 수 있지 않을까?

하지만 다시 한 번 '해결책이 얼마나 확실한가?'라는 문제를 되짚어 보아야 한다. 초기에 다이아몬드 반지는 확실한 해결책이 아니었다. 하지만 드비어스의 마케팅은 다이아몬드를 확실한 해결책으로 만들었다.

문제 해결책이 얼마나 일반적인가?

투자에 대한 수익을 보여 줄 수 있는가?

당신은 객관적인 자료, 연구 결과, 유명인의 추천, 차트, 그래프 등을 이용해서 고객에게 투자에 대한 견고한 수익, 즉 그들이 지불하는 비용을 훨씬 상회하는 수익을 손쉽게 얻게 된다는 점을 보여줄 수 있는가? 그렇게 할 수 있다면 성공 가능성은 증폭된다. 그렇게 할 수 없다면 판매에 한층 더 전력을 기울여야 한다.

당신의 제안은 얼마나 호소력이 있는가?

1 ← → 10

잠이 오게 만든다   터프가이도 울게 만든다

제품이나 서비스를 고객의 감정적인 필요성에 연결시킬 수 있을 때 판매는 증대된다. 하지만 제발 이런 방법을 지나치게 사용하지는 말라. 수많은 마케팅 담당자들이 배의 키를 잡듯이 고객의 감정을 붙잡으려고 한다. 그러나 이 같은 접근 방식은 정당한 것이 아닐 경우에는 부수적인 투자 수익을 내지 못한다.

사람들은 누구나 기분이 좋아지고 두려움이나 불안감을 해소시켜 주는 제품을 구매하려 한다. 이러한 욕구를 만족시킬 수 있어야 판매가 이루어진다. 당신의 제안이 고객의 감정에 호소하지 못한다고 해서 반드시 실패하는 것은 아니지만, 다른 방법으로 그것을 보상해야 하므로 더 많이 노력해야 한다.

당신의 제안은 얼마나 시의적절한가?

잠재 고객이 당신의 제품을 당장 필요로 하지 않는다면 당신은 그것이 당장 필요한 것이라는 확신을 심어 주어야 한다. 당장 구매해야 하는, 피할 수 없는 이유를 제공하지 않으면 당신은 고전을 면치 못할 것이다.

반대로 잠재 고객이 정말 긴급하게 무언가를 원하고 있고, 당신이 그 사실을 잘 알고 있다면 판매는 쉽게 이루어질 것이다.

경쟁업체의 힘은 어느 정도인가?

당신의 제품이 그 업계에서 최고가 아니라고 해도 희망을 버리지는 말라. 당신이 최고가 아니라면 다음과 같은 선택 사항을 취하도록 노력해야 한다.

1_ 경쟁업체보다 뛰어나거나 적어도 경쟁업체 정도는 되도록 어떻게
   해서든지 당신의 제품을 개선하라.
2_ 고객은 아직 누가 품질 면에서 얼마나 뛰어난지 알지 못한다는 사
   실을 믿어라.

물론 첫 번째만큼 좋은 것은 없다. 하지만 상당히 많은 기업이
두 번째 선택 사항 덕분에 엄청난 성공을 거머쥐었다는 사실에 놀
랄 것이다. 무엇보다도 먼저 장기간의 성공은 진정으로 높은 투자
수익을 제안하는 것에 달려 있다는 점을 잊지 말아야 한다. 당신은
최고가 아닐 수 있지만 고객에게 높은 투자 수익을 제공하면 그것
만으로 충분하다.

그런데 당신이 실제로 당신의 분야에서 최고의 자리에 있고, 그
점을 고객에게 증명할 수 있다면, 그것이 가지는 심리적인 힘은 믿
기 어려울 정도로 강력하고 확실해진다. 이를 바탕으로 당신은 매
우 공격적으로 마케팅을 해나가야 한다. 당신이 최고인데, 어느 누
구도 그 사실을 모를 경우에는 오히려 최악이 될 수 있기 때문이다.

경쟁업체와 어떻게 가격 경쟁을 해나갈 것인가?

1 ←————————————→ 10

티파니 매장 가격   할인 매장 가격

이는 겉으로 보이는 것처럼 간단한 문제가 아니다. 우리는 본능적으로 제품이 최저가일 때 최대의 판매 성과를 올릴 것이라고 지레짐작하게 된다. 그러나 반드시 그렇지만은 않다. 당신이 최고인 경우에는 당신의 이익을 위해 제품의 가격을 약간, 혹은 많이 변화시킬 수도 있다.

화장품 업계의 마케팅 방식에 대해 생각해 보자. 화장품 업계는 먼저 탁월한 기능으로 포지셔닝을 한 다음 그에 따라서 비용을 부과하는 식으로 접근한다. 이러한 방식이 갖는 장점은 소수의 고객만으로도 힘들이지 않고 높은 수익을 실현할 수 있다는 것이다.

10분의 1의 고객만으로도 10배 이상의 수익을 실현할 수 있다면 당신은 이를 택하지 않겠는가. 놀랍게도 흔쾌히 제돈 다 주고 제품을 구입하려는 고객은 할인 제품을 원하는 사람들보다도 판매를 수월하게 만들어 준다.

그리고 저가이기는 한데 제품이 엉터리라면 당신은 판매에 어려움을 겪게 된다. 제아무리 가격에 민감한 구매자라고 해도 값이 싸다는 이유만으로 형편없는 제품을 구입하지는 않기 때문이다.

별 볼일 없는 제품을 무료로 줘서는 안 된다는 점도 기억해야 한다. 무료로 주는 제품이라 하더라도 그것이 지니는 가치는 고객이 기대하는 것보다 높아야 한다.

chapter 10

역사 속의 놀라운 제안들

거절할 수 없는 제안의 훌륭한 3가지 사례인 도미노 피자, 콜롬비아 음반사, 페덱스에 대해서는 이미 앞에서 다루었다. 우리는 그들의 성공 이유를 이해할 수 있게 되었다.

여기에서는 거절할 수 없는 제안에는 미치지 못하지만 독특하고 효과적인, 충분히 연구할 가치가 있는 제안들에 대해 알아볼 것이다.

완벽하게 모델에 적합한 사례가 있는가 하면, 그렇지 않은 예도 있다. 또한 훌륭한 시금석으로 손색이 없는 사례도 있다. 각각의 사례가 거절할 수 없는 제안이 되기에 무엇이 부족한지 생각해 보길 바란다.

"당신이 될 수 있는 모든 것이 되라"

육군은 20년 동안 '당신이 될 수 있는 모든 것이 되라'라는 슬로건을 사용하다가 최근 '하나의 육군'으로 슬로건을 바꾸었다. 나는 이러한 변화가 좋지 않은 움직임이라고 생각했는데, 육군의 신병 모집 통계가 변변하지 못하다는 사실이 나의 생각을 뒷받침해 주었다.

육군에서 8년 이상 복무한 경험으로 나는 이런 일이 어떻게 일어나는가를 생각해 보았다. 이는 다른 업계에서도 동일하게 일어나고 있다. 아마 현실과 너무나도 동떨어진 일부 고위 간부가 시대가 바뀌어 가니까 군대도 바뀌어야 한다고 생각했던 모양이다.

'당신이 될 수 있는 모든 것이 되라'라는 슬로건은 역사상 뛰어난 마케팅 문안으로 꼽히고 있고, 그것이 계속해서 지속해 왔다는 사실이 이 점을 증명해 준다. 육군은 그 슬로건을 다른 슬로건으로 바꾸지 말았어야 했다.

'당신이 될 수 있는 모든 것이 되라'라는 슬로건은 그야말로 눈부신 시금석이다. 군대와 관련해 이런 말을 들으면 즉시 지원하고 싶은 마음이 생긴다.

'당신의 삶은 그대로 두고 우리에게 와라. 우리는 당신을 당신이 될 수 있는 최고의 사람으로 변화시켜 줄 것이다.'

이는 젊은이들에게 강력한 제안이다. 그리고 나는 육군이 실제로 이 점을 실현했다고 생각한다. 중요한 것은 이러한 슬로건을 바탕으로 육군이 거절할 수 없는 제안의 3가지 요소를 모두 갖추고 있다는 사실이다.

육군의 새로운 슬로건 역시 높은 투자 수익을 제안하고 있다. 하지만 이 슬로건은 평범한 시금석을 가지고 있으며, 아쉽게도 거기에는 신뢰성이 결여되어 있다. '하나의 육군'이란 슬로건은 장 끌로드 반담이 나오는 3류 영화 제목처럼 들린다. 그와는 반대로 '당신이 될 수 있는 모든 것이 되라'라는 슬로건은 정직하고 진실하며 신뢰를 준다.

"22분만 투자하면 세상을 가질 수 있습니다"

뉴욕에 있는 윈즈WINS 라디오 방송은 청취자들에게 멋진 제안을 한다.

아무리 급하더라도 당신은 그 시간에 맞춰서 이 방송을 들어야 한다. 이른 아침 출근길에 이 방송에 채널을 맞출 수 있다면 당신은 더 이상 쓸데없이 시간을 낭비하며 보내지 않아도 된다. 따라서 여유 있게 아침 출근 시간을 즐길 수 있다.

아, 참! 이것이 뉴스 방송 전에 내보내는 광고라는 점을 내가 말하지 않았던가? 내가 말하지 않았어도 당신은 시금석을 읽는 순간 그 사실을 알았을 것이다.

좋은 시금석은 그것이 말하는 것보다 더 중요한 걸 의미하는 경우가 있다. 중요한 것을 암시하고 있는 것은 중요한 것을 솔직하게 털어놓는 것보다 훨씬 강력할 수 있다. 다시 말해서 독자가 글을 읽다가 자신의 마음속에 어떤 것에 대해서 떠올리게 된다면 그 감동은 더욱 더 오래 남아 있을 것이다.

"우리는 보도만 하고 결정은 당신에게 맡기겠습니다"

폭스 뉴스는 위의 시금석을 사용했다. 이러한 제안이 무엇을 말하는지 잠시 생각해 보자.

대부분의 사람들은 다수의 통신사들이 편견에 사로잡힌 시각으로 보도를 한다고 강하게 믿고 있는데, 이것은 그다지 틀린 말이 아니다. 즉, 많은 통신사들은 단순하게 있는 사실을 보도하기보다는 시청자들에게 영향을 미치고 있다고 비난받고 있다. 이는 의견을 제시하지 않고 사실만을 보도하겠다고 선언한 통신사들의 원죄라고 할 수도 있을 것이다.

어떤 사건에 대해서 완전히 객관적인 자세를 갖는 것은 불가능하다. 즉, 어떤 사건에 대한 보도는 그 특성상 선택적일 수밖에 없다. 누구도 모든 정보를 제시할 수는 없다. 따라서 몇 가지를 생략해야 한다. 이러한 과정에서 하나의 관점이나 다른 관점을 뒷받침하는 정보를 생략하게 되고 편견을 갖게 되는 것이다.

그러나 여전히 사람들은 통신사들이 지나치게 편향적이라고 생각하고 있다. 이들은 프로세스에 내재된 편견뿐만 아니라, 뉴스를 준비하는 사람들의 정치적 성향을 드러내는 편견이 문제라고 생각한다. 폭스 뉴스는 미국의 보수주의자들이 많은 뉴스 매체가 자유주의자들에게 편향되어 있다고 느낀다는 사실을 알고 자신들이야말로 객관적인 정보의 원천임을 보여 주고자 했다.

뉴스 매체의 자유주의적 성향에 맞서는 폭스 뉴스의 태도는 한편으로 보수주의에 편향되어 있다고 주장하는 사람도 있다. 그리고 그들의 주장은 사실이다. 하지만 폭스 뉴스의 마케팅 효과에 대해서는 어느 누구도 문제를 제기할 수 없다.

폭스 뉴스는 24시간 뉴스 방송 부문에서 오랫동안 CNN에게 1위 자리를 내주었다. CNN은 수년 동안 뉴스 보도를 독점했고 걸프전 취재 때는 록스타 버금갈 정도의 인기를 누렸다. 브랜딩에 대해서 잘 알고 있는 CNN은 그 업계에서 자신의 위치를 손쉽게 지켜나갔다.

그러나 폭스 뉴스는 '우리는 보도만 하고 결정은 당신에게 맡기겠습니다'라는 거절할 수 없는 제안을 전략적으로 사용함으로써 어려움에서 벗어날 수 있었다.

"광신적인 지원"

관리형 호스팅 업체인 록스페이스 매니지드 호스팅RackSpace Managed Hosting이 제안한, 겉으로 보기에 전혀 해가 없는 이 선전 문구는 대형 웹 사이트 프로젝트에 필요한 관리형 호스팅 서비스를 찾는 기업들에게는 실질적으로 해가 된다.

대부분의 웹 호스팅 기업들은 실제로 광신적인 지원을 하지 않는다. 이들 기업은 놀랄 정도로 게으름을 피운다. 이 회사들이 "당신을 지원하는 것이 우리의 임무입니다"라고 말할 때, 당신은 반드시 주의를 기울여야 한다.

록스페이스 매니지드 호스팅은 실질적인 지원 시스템이 전혀 갖춰지지 않은 회사가 득시글거리는 상황에서 고객들이 '광신적인 지원'이라는 주장을 믿도록 만들어야 했다.

그들은 자신들이 실질적으로 고객에게 광신적인 조력을 제공해왔다는 점을 거듭 강조하고, 자사만의 판매 프로세스를 구축함으로써 신뢰성을 증명했다.

나는 최근에 새로운 프로젝트를 위해 이 업체의 담당자를 직접 만났는데 계약조건 때문에 계속해서 거래를 늦추게 되었다. 그는 내게 "계속 거래를 미루는 이유가 무엇입니까?"라고 단도직입적으로 물었다. 나는 내 생각을 솔직하게 말했고, 그들은 나와의 거래를 계속하기 위해 즉시 계약서를 다시 검토했다.

그들의 명성과 판매 프로세스는 마케팅을 통해 보여 주기 어려운 신뢰성을 제공하고 있다. 일반적으로 이처럼 제품이 고가이면 고가일수록, 그리고 프로세스가 복잡하면 복잡할수록 그만큼 신뢰성 구축은 어려워지게 된다.

"다른 기업보다 값싸게 침대를 제공하지 못하면 공짜로 드립니다"

나는 최근 1~2년 사이에는 이 같은 광고를 본 적이 없다. 하지만 여전히 그것을 어제 본 것처럼 기억하고 있다. 시틴 슬립Sit'n Sleep 대변인의 화난 듯한 목소리가 여전히 나의 머릿속에서 맴돌고 있다.

캘리포니아에 위치한 시틴 슬립은 이러한 밉살스럽고 겉으로 보기에는 비논리적인 광고로 유명하다. 솔직히 광고를 보면 '이 기업이 무엇을 하려고 그러는 거지?'라는 생각이 든다.

"미안합니다. 도저히 더 이상 다른 업체보다 값싸게 제공할 수 없어서 그냥 공짜로 드리겠습니다."

기분 나쁜 과장 광고라고 관심도 갖지 않고 아예 제쳐 놓는 사람도 있겠지만, 우리는 왜 이러한 시금석이 수년 동안 계속 사용되는지 생각해 봐야 한다.

앞에서 말했듯이 비효율적인 마케팅 광고는 오랫동안 되풀이해서 사용되지 않는다. 어떤 마케팅 방법이 지속적으로 사용되고 있다면 그만큼 효과가 있다는 얘기이다. 이러한 '비논리적인' 광고에도 중요한 무엇이 담겨 있는 것이 틀림없다. 이광고의 시금석은 실제로 '당신은 여기에서 가장 싼 가격을 확실하게 보장받고 있다'라는 사실을 전달하고 있다.

메시지를 전달하는 방법이 너무도 밉살스러워 사람들은 줄곧 그것에 대해서 농담을 던진다. 그것에 대해 농담을 하지만 결코 잊지는 않는다. 실제로 이 광고는 10년이 넘는 긴 시간 동안 지속되어 왔다.

"구매한 후 60일 이내에 더 싸게 파는 매장을 찾는다면 얼마든지 보상해 드립니다"

가전제품 비즈니스의 경우, 경쟁이 매우 치열하기 때문에 상당히 높은 투자 수익을 가져오는 제안을 해야 한다. 이를테면 전자제품 유통업체인 서킷 시티Circuit City는 아버지가 어린 아들에게 조금만 기다리면 할인 세일을 하기 때문에 대형 텔레비전을 지금 당장 구입할 수 없다고 말하는 광고를 내보내고 있다. 바로 이 부분에서 서킷 시티 아나운서는 구매자가 제품을 구매하고 나서 60일 이내에 어느 곳을 불문하고 더 싼 제품을 발견하면 기분 좋게 보상해 줄 거라고 말한다.

이로 인해 신뢰가 쌓이게 되고, 구매자는 이후에 서킷 시티의 제품보다 저렴한 가격의 제품을 발견한다 하더라도 본인은 꽤 괜찮은 거래를 했다고 확신하게 된다. 이 광고는 소비자의 마음에 자리하고 있는 위험 요인을 없애는 효과를 가져온다.

서킷 시티는 왜 60일 내에 최저가 제품에 대해 보상해 주겠다고 한 것일까? 구입 즉시 최저가 제품을 찾아낸다면 그것에 대해 보상하겠다고는 하지 않는 것일까? 이는 정말이지 서킷 시티가 가전제품 시장을 정확히 꿰뚫어 보고 있다는 것을 대변해 주고 있다.

가전제품의 경우 시간이 흐를수록 더 나은 최신 모델이 출시되고 이전의 제품은 가치가 급격히 떨어지기 마련이다. 따라서 이 제안이야말로 절대로 손해보지 않는 비범한 제안인 것이다.

"세계 어느 곳이든 48시간 이내에 부품을 보내 드립니다. 그렇지 못하면 부품 값을 받지 않습니다"

위의 광고로 캐터필러 트랙터Caterpillar Tractor는 중장비 산업 부문의 거대 기업이 되었다. 이 제안은 고객의 마음을 사로잡은 도미노 피자의 제안과 매우 유사하다.

20만 달러에 달하는 기계에 먼지에 쌓여 있으면 제대로 투자 수익을 실현할 수 없다. 그러한 두려움을 인식시켜 주고 해결해 주는 이 시금석은 놀라운 것임에 틀림없다.

"10년 동안 고장 없이 사용할 수 있습니다"

메이텍Maytag TV 광고의 서비스 기사를 기억하고 있는가? 그 사람은 하루 종일 지루해 하며 앉아 있을 뿐이다. 어느 누구도 메이텍의 세탁기나 드라이어를 수리해 달라고 하지 않기 때문이다. 그렇다. 이 광고는 메이텍이 고객에게 제안했던 '10년 동안 무사고 작동'이라는 정말 인상적인 시금석을 뒷받침해 준다.

세탁기나 건조기를 구입할 때 어떤 생각이 제일 먼저 드는가? 어떤 소비자든 가전제품을 안전하게 오랫동안 사용하고 싶은 마음이 가장 클 것이다. 메이텍은 그 같은 소비자의 욕구를 정확하게 읽어 냈다.

"만족하지 않으면 이유를 불문하고 영수증 없이 환불해 드립니다"

미국의 노드스트롬Nordstrom 백화점은 가격 면에서는 경쟁을 하지 않는다. 싼 정장을 구입하고 싶으면 다른 백화점에서 저가의 정장을 구입하면 된다. 하지만 노드스트롬 백화점은 고객에게 100퍼센트 만족도를 안겨 주고 있다.

노드스트롬 백화점은 고객이 원하는 경우 언제든지 환불을 해 주겠다는, 널리 알려진 마케팅 방법을 고수해 왔다. 물론 영수증도 요구하지 않을 뿐더러 어떤 질문도 하지 않는다. 바로 그것이 노드스트롬 백화점의 높은 투자 수익 제안이다. 이 같은 정책 때문에 노드스트롬 백화점은 세일을 하지 않고도 큰 성공을 거머쥐었다.

노드스트롬 백화점만이 이처럼 독특한 제안을 한 것은 아니지만, 그들은 이 방법을 대범하게 적용함으로써 효율성을 확실히 입증했다. 노드스트롬 백화점은 '영수증이 없이 반품해 드립니다'라는 말을 부가함으로써 다른 백화점들과의 차별화에 성공했다. 영수증 없이 환불받기가 좀처럼 쉽지 않은 상황에서 이는 정말 혁신적인 제안이었다.

"사용료만 지불하면 수수료는 100퍼센트 당신의 몫입니다"

세계 최대 부동산 중개 네트워크인 리맥스 부동산RE/MAX의 창업자인 데이브 리니거Dave Liniger는 이 분야 마케팅의 개척자였다. 그는 '100퍼센트 솔루션'을 창안해서 그의 기업을 10억 달러의 매출을 올리는 기업으로 발전시켜 나갔다. 리맥스의 시금석은 최종 소비자가 아닌 특정 소비자, 즉 부동산 중개업자들을 목표로 삼았다.

그는 부동산 중개업자들에게 사무실, 명함, 전화 등의 한 달 사용료만 지불하면 무조건 부동산 중개 수수료 100퍼센트를 전부 다 수령할 수 있다고 말했다. 리니거는 유인상품 전략의 중요성을 익히 알고 있었다. 그는 리맥스의 깃발 아래 주택을 매매하고자 하는 수많은 사람들을 끌어 모을 수 있다는 사실을 알고서 수수료를 기꺼이 포기했던 것이다.

이러한 제안으로 그는 자신에게 매달 사용료를 지불하는 엄청나게 많은 부동산업자를 끌어 모았을 뿐만 아니라, 돈 한 푼 들이지 않고 브랜드 자산을 구축했다.

"화장 전과 화장 후 사진을 비교해 보세요"

제안은 복잡하지 않아야 하고 까다롭지 않아야 한다. 당신은 고객에게 그들이 얻게 되는 이익을 되도록 간단하게, 직접적으로 보여 주어야 한다. 어떤 경우에는 말을 사용할 필요도 없다.

미국의 유명 화장품 업체인 멀리 노먼 코스메틱스 Merle Norman Cosmetics의 마케팅 사례는 간단한 비언어 커뮤니케이션의 대표적

화장 전

화장 후

인 예라 할 수 있다. 멀리 노먼 코스메틱스는 잡지에 광고를 게재하기로 결정하고 나서도 까다로운 캐치프레이즈나 화려한 시각 도구는 전혀 사용하지 않았다.

이 기업은 그들의 화장품을 사용한 다음에 여성들이 얼마나 아름다워지는가를 보여 줄 뿐이었다. 단지 여성의 '화장 전' 모습과 '화장 후' 모습을 비교해 보여 주었다.

이러한 시각적인 높은 투자 수익 제안에 힘입어 멀리 노먼 코스메틱스의 매출은 광고를 시작한 지 5년 만에 무려 3배나 뛰었다.

물론 이 시금석은 언어를 통해서도 널리 전달되었다. 친구에게 멀리 노먼 코스메틱스의 화장품을 사용하기 전의 모습과 사용한 후의 모습을 자세하게 설명한다고 가정해 보자. 사진으로 보여 주고 싶은 마음이 생길지 모르지만, 이런 사진을 주머니에 넣고 다니는 사람은 별로 없을 것이다. 그러나 모든 사람들은 마음속에 수천 개의 시금석을 지니고 다닌다.

"먼저 먹어 보고 평가해 주세요"

고객의 마음을 사로잡아 구입하도록 만들 수 있는, 높은 투자 수익을 창출하는 우수한 품질의 제품을 가지고 있다면 유인상품 전략을 강력하게 고려해야 한다.

세계 최고의 쿠키 브랜드인 미세스 필즈 쿠키스Mrs. Fields Cookies의 창업자 데비 필즈Debbie Fields는 쿠키 1호점을 개업했을 때, 자신의 사업이 실패했다고 생각했다. 개업 첫날 점심 무렵까지 손님이 1명도 들어오지 않았기 때문이다.

여러 가지 생각 끝에 그녀는 쟁반에 쿠키를 가득 담아 들고 나가 길 가는 사람들에게 시식을 권했다. 쿠키를 먹어 본 사람들은 즉시 쿠키를 사기 위해 그녀의 가게를 찾았다.

이 같은 전략은 지속되었고, 전 세계 2천여 개의 점포에서는 지금 도 무료 시식으로 고객을 유인하고 있다. 이 제안은 '당신들이 우리 의 제품에 만족해서 다시 찾아올 거라는 확신이 있기 때문에 우리 는 무료로 쿠키를 제공할 수 있다'라는 뜻을 내포하고 있다.

chapter *11*

거절할 수 없는 제안과 입소문

입소문은 가장 강력한 마케팅 무기 중 하나이다. 제품에 대해서 열광하는 신뢰하는 친구의 권유보다 더 구매를 자극하는 것이 있을까?

등이 아프다고 하자. 당신은 등이 아프다고 친구에게 푸념을 늘어놓는다. 친구는 "나도 수년 동안 등이 아팠어. 백약이 무효였지. 지푸라기라도 잡는 심정으로 에고스큐 트레이닝(Egoscue Training, 피터 에고스큐가 창안한 운동)을 해보았는데, 그 이후로 통증이 정말 거짓말처럼 없어졌어"라고 말한다.

이런 말을 들었다면 가장 먼저 어떤 질문을 하게 될까? 앞에서 살펴본 4가지 핵심 질문 가운데 하나를 물어볼까? 그렇지 않다. 놀랍게도 4가지 질문은 무시된다.

당신의 자연스런 반응은 다음과 같을 것이다.

1_ 그게 뭔데?

2_ 어떻게 하면 나도 할 수 있지?

놀랍지 않은가? 비즈니스를 하는 사람들은 왜 모든 에너지를 입소문 마케팅에 쏟고 있지 않는가?

사람들이 입소문의 메커니즘은 잘 모르기 때문이다. 많은 비즈니스 관계자들이 입소문을 자극하려 애쓰지만 결과가 기대에 못 미치거나 측정할 수 없어 좌절감에 그만 손을 들고 만다.

사람들이 당신에 대해서 끊임없이 소문을 내도록 만들 만큼 입소문의 메커니즘을 잘 알고 있다 하더라도 그들이 널리 퍼뜨리고 있는 메시지가 옳다고 어떻게 확신할 수 있을까?

에고스큐 트레이닝 같은 사례는 조작할 수 없다. 이러한 이야기는 실제 효과가 고객을 압도할 때 자연스럽게 나타나게 된다.

고객이 우리를 위해 입소문을 퍼뜨릴 것이라는 희망의 바구니에 우리의 모든 계란을 담아도 될까? 물론 가능한 일이다. 하지만 당신은 어떤 것이 효과가 있는지 알기 위해 몇 날 며칠 잠을 못 자고 끙끙거리게 될 것이다.

그렇다면 고객을 압도해서는 안 된다는 말일까? 물론 그렇지는 않다. 바로 그것이 높은 투자 수익을 가져오게 하는 제안이기 때문이다. 투자 수익이 높으면 높을수록 고객은 그만큼 압도당하는 법이다.

그리고 이러한 효과가 나타나기를 그저 잠자코 기다리는 것보다는 좀 더 나은 효과를 위해 뭔가 노력하는 것이 좋다. 계속적인 효과를 위해 프로세스를 신속하게 만들 수도 있고 결과를 개선시킬 수도 있다.

입소문에서 가장 바람직한 것은 거절할 수 없는 제안에 자극받은 능동적인 프로세스이다. 입소문을 내는 방법과 입소문을 내는 이유를 알기 위해서는 그것과 관련해서 어느 정도의 교육이 필요하다.

입소문 마케팅의 메커니즘

입소문 마케팅의 역사는 비즈니스의 역사만큼 오래되었다. 인류 최초로 물물교환을 한 원시인들은 이런 대화를 나누지 않았을까?

"그 멋진 들소 가죽은 어디서 난 거야?"
"음, 조그라는 녀석에게 계란 몇 개를 주고 교환했어. 정말 괜찮단 말이야. 그렇지 않아?"
"당연하지."
"가죽이 여간 따뜻한 게 아니야. 굳이 여자에게 잠자리를 해달라고 조르지 않아도 되겠어."
"아 참, 조금 전에 교환했다고 말했는데? 교환이 도대체 뭐야?"

지난 10년간 비즈니스와 관련해 가장 많이 회자되었던 유행어는 '바이럴 마케팅viral marketing'일 것이다. 대단히 많은 마케팅 서적이 이 주제를 다루고 있고(많은 저자들이 자신이 이 용어를 만들었다고 말하지만 솔직히 말해 누가 이 용어를 가장 먼저 사용했는지 아무도 모른다), 하나같이 이 새로운 마케팅에 깃든 다양한 면을 자세하게 다루고 있다.

바이럴 마케팅은 실제로 매우 탁월하고 오래된, 입소문을 다루는 하나의 방법에 지나지 않는다. 일부 바이럴 마케팅 순정주의자들은 이러한 설명을 문제 삼겠지만, 자세히 살펴보면 그 둘이 동일하다는 점을 알게 될 것이다.

언어는 바이러스이다.
– 윌리엄 버로스William S. Burroughs

윌리엄 버로스는 이 점을 잘 알고 있었다. 언어는 바이러스라고 말한 걸 보면 그가 입소문 메커니즘에 대해 깊이 이해하고 있음을 알 수 있다. 바이러스의 메커니즘은 입소문 메커니즘을 은유적으로 보여 준다.

생물학적 바이러스는 어떻게 기능하나?

생물학적 바이러스는 지방질층이나 단백질층으로 둘러싸인 단순한 DNA 가닥이나 RNA 가닥이다. 바이러스는 숙주 세포에 완전히 부착될 때까지 '생명'이 있다는 신호를 절대로 보내지 않는다.

바이러스는 일단 숙주 세포에 부착되면 숙주 세포의 DNA를 자신의 DNA로 대체시킨다. 숙주 세포는 이전에 하던 활동을 멈추고 이제는 새로운 임무, 즉 보다 많은 바이러스를 만들기 시작한다. 이렇게 만들어진 바이러스는 다른 세포에 부착될 때까지 주위를 부유하고, 프로세스는 계속된다. 정말이지 무시무시하다는 생각이 든다. 바이러스가 자신을 퍼뜨리기 위해 당신의 신체를 이용하고 있는 것이다.

생물학적 바이러스의 경우, 최종 결과는 이처럼 대단히 파괴적이다. 그러나 동일한 메커니즘을 은유적으로 적용할 경우 생산적인 결과를 얻을 수도 있다.

바이러스는 다음과 같은 2가지 요소로 구성되어 있다.

1_ <u>프로그램</u> : 바이러스의 프로그램 지침은 항상 '보다 많은 바이러스를 퍼뜨리고 중요한 어떤 것을 하라'는 것이다. 생물학적 바이러스에서 '중요한 어떤 것'은 보통 파괴적인 것을 의미한다. 이러한 프로그램은 바이러스의 형태에 따라 DNA 가닥이나 RNA 가닥으로 암호화된다.

2_ <u>전달 메커니즘</u> : 바이러스의 지침은 어떻게 전달되는가? 이들 지침은 기침이나 재채기와 같이 공기를 통해서 전달되거나, 성행위나 주사기 등 피부 접촉이나 체액을 통해 전달된다.

위의 2가지 요소 가운데 하나라도 없는 경우, 바이러스는 보잘것없어진다. 반대로 2가지 요소가 합쳐지면 뛰어난 자기 복제 시스템을 가지게 된다.

언어는 바이러스이다

입소문도 기본적으로 생물학적 바이러스와 동일한 2가지 요소에 의해 움직인다.

1_ **프로그램** : 입소문 마케팅의 프로그램 지침은 '바이러스를 유포해 어떤 것을 하라'는 것이다. 여기서 '어떤 것'은 특별한 정보의 형태를 띠는데, 이는 당신의 비즈니스와 관련한 내용을 전달해 주는 좋은 것일 수도 있고, 좋지 않은 것일 수도 있다. 당신의 바람과는 별도로, 메시지의 좋고 나쁨을 떠나 입소문 마케팅은 항상 이루어진다.

2_ **전달 메커니즘** : 입소문 마케팅에서 전달 메커니즘은 물론 사람들의 입에서 나오는 말이다. 그런데 비언어 커뮤니케이션을 통해서도 입소문을 전달할 수 있다는 점은 매우 흥미롭다.

입소문 전달 메커니즘

정보는 항상 입소문만으로 퍼지는 건 아니다. 또 다른 여러 가지 다른 메커니즘이 있는데, 그것들의 장점을 짚어 보기로 하자.

이미지

사람을 만났는데, 그 사람의 왼손에 반지가 끼어져 있을 경우 당신은 제일 먼저 무슨 생각을 하는가? '결혼한 사람이구나'라는 생각이 가장 먼저 떠오를 것이다. 이는 이미지를 통해서 퍼지는 고전적인 정보 형태이다.

관심을 기울이고 있다면 이러한 정보는 하나의 이미지를 통해서 매우 신속하고 효율적으로 전달된다. 그런데 이러한 정보를 다른 사람에게 전하고자 할 때는 어떨까? 이는 입소문 메시지의 이상적인 전달 메커니즘일까?

소리

안타깝게도 나는 당신에게 몇 가지 소리를 들려줄 수는 없지만, 당신 스스로 머릿속에서 그것을 떠올릴 수 있을 거라고 생각한다.

인텔 하면 어떤 소리가 떠오르나?

NBC 하면 어떤 소리가 떠오르나?

심슨 가족 하면 어떤 소리가 떠오르나?

이들 소리는 브랜드 정체성을 매우 효과적으로 전달하지만, 더 많은 정보를 줄 수는 없다. 친구에게 NBC에 대해 말한다면 어떨까? 당신은 NBC의 3가지 헌장을 소리로 전달할 수 있나?

말

　말이 강력한 이유는 언제든지 무한정 지니고 다닐 수 있기 때문이다. 누군가에게 메리가 결혼했다는 사실을 말하고 싶은데, 이때 손가락에 반지를 낀 그녀의 사진을 보여 줄 것인가? 아니, 그보다 당신은 "그녀는 결혼했어"라고 말할 것이다. 메리와 당신이 함께 찍은 사진을 가지고 다닐 경우, 당신이 그녀의 남편이 아니라면 상대방은 오히려 등골이 오싹할 것이다.

　인텔에 대해서 말하고 싶을 때 인텔의 사진을 보여 줄 것인가? 그렇지 않다. 당신은 그냥 '인텔'이라고 말하면 된다. 말은 언제 어디서든 가장 빠르게 퍼지는 전달 메커니즘이다.

밈

밈meme*은 가장 효율적인 커뮤니케이션 형태이다. 밈은 단 한 번에 모든 아이디어, 심지어 매우 복잡한 아이디어까지도 전달한다.

이미지는 밈이 될 수 있다. 예를 들면 이 책의 표지도 밈이다. "나는 꿈이 있는데……"와 같이 말이 밈인 경우도 있다. 또한 훌륭한 시금석도 밈이다.

이 모든 것 가운데서 당신은 어떤 전달 메커니즘을 택할 것인가? 그리고 입소문이 당신 기호에 맞게 제대로 기능하는지 어떻게 알 수 있는가?

이 질문에 대한 답을 하기에 앞서 생물학적 바이러스가 어떻게 자신을 유포시키는가에 대해 알려줄 몇 가지의 단서를 살펴보자.

독성

생물학적 바이러스는 자신을 성공적으로 퍼뜨리고, 자신의 프로그램을 만족시키기 위해 다소의 독성을 지닌다.

생물학적 바이러스의 독성에 영향을 미치는 몇 가지 요인이 있는데, 이를 통해 우리는 입소문 마케팅과 관련해 흥미로운 추론을

---

* 유전자처럼 재현과 모방을 되풀이하며 전승되는 언어 · 노래 · 태도 · 신앙 · 식사 의식 · 기술 따위의 관습과 문화.

할 수 있다.

생물학적 바이러스의 독성 요소
조금은 전문적으로 들릴 수 있겠지만, 이러한 은유를 확대 적용하면 입소문 마케팅을 절대적으로 강하게 만드는 몇 가지 수단을 얻을 수 있게 된다.

숙주 세포의 면역성(항체의 존재)
특정 바이러스에 노출되었는데 그것을 제대로 이겨냈다면 당신의 신체는 이후에 그것을 쉽게 물리칠 수 있는 면역성을 갖게 된다.

면역성을 기르기 위해 미리 백신 주사를 맞는 경우가 있다. 이렇게 하면 신체는 바이러스를 검출하는 방법과 감염되었을 때 물리치는 방법을 훈련하게 된다. 이러한 백신 접종 방법은 상당히 효과적이라서 수세기에 걸쳐 인류를 괴롭혔던 다수의 독성 질병은 이 방법으로 거의 다 근절되었다.

숙주 세포의 장점과 약점
숙주(감염된 동물)가 노화나 부상으로 인해서 허약한 상태에 있으면, 특정한 감염에 상당한 정도의 면역성을 가지고 있다 하더라도 바이러스에 대항하는 숙주의 전체적인 능력은 떨어지게 마련이다. 예를 들어 독감 예방 접종을 받았다고 해도 전반적으로 체력이 떨어지면 항체를 생산하는 능력이 낮아질 수밖에 없다.

복제 속도

바이러스가 매우 효율적으로 스스로를 복제하면 바이러스는 신속하게 퍼지게 된다. 감염된 하나의 세포는 보다 많은 바이러스를 만들어 낼 수 있고, 이들 바이러스는 보다 많은 세포를 감염시킬 수 있고, 다시 더 많은 바이러스를 만들어 낼 수 있다.

복제 속도가 조금만 빨라져도 발병 속도는 엄청나게 차이가 난다. 다시 말해 약간의 변화만으로도 결과에 엄청난 영향을 미칠 수 있다.

전달 능력

바이러스가 스스로를 매우 빠르게 복제할 수 있다 하더라도 전달 메커니즘이 효율적이지 못할 경우 바이러스는 신속하게 퍼질 수 없다.

일례를 들어 보자. 바이러스에 감염될 생각으로 기침을 하거나 재채기를 하는 사람의 앞에 서 있는 경우에는 전달이 매우 빠르게 이루어진다. 그러나 보균자와 가벼운 물리적인 접촉만 있었다면, 아주 소량의 바이러스만 퍼질 것이다. 바이러스는 접촉보다는 호흡에 의해서 훨씬 자주, 그리고 빠르게 감염되기 때문이다.

복제율

바이러스 성장의 생물학적 모델을 마케팅에 적용함으로써 초창기 인터넷 시대에 나는 몇 가지 놀라운 결과를 얻을 수 있었다. 1995년, 나는 나의 마케팅 바이러스를 보다 효과적으로 전달시켜 줄, 입소문 광고의 모든 요소를 적용시킨 공식을 만들어 냈다.(당시에는 '바이럴 마케팅'이라는 말이 없었지만 많은 사람이 그것을 실행하고 있었다.)

나는 적당한 용어가 없는 까닭에 내 광고의 효율성을 측정하는 수단을 '복제율'이라고 불렀다. 복제율은 광고의 독성을 측정하는 수단이었다.

나는 그 뒤로 꽤 오랜 기간 동안 이 말을 사용하지 않았지만, 복제율을 바탕으로 광고를 측정했고, 광고가 얼마나 효과적이었나를 알 수 있었다.

복제율은 '10일 동안의 복제율', '30일 동안의 복제율' 식으로 시간을 단위로 나뉜다. 10일 동안의 복제율이 1.1이면 이는 10일째 되는 날에 평균적으로 한 명의 '마케팅 바이러스 보균자'가 약 1.1개의 새로운 보균자를 만든다는 얘기다. 즉 메시지를 본 한 사람이 10일 후에 1.1명의 새로운 사람에게 메시지를 유포한다는 것이다.

이론적으로 생각해 보면 복제율이 1.0만 넘으면 효과를 볼 수 있다. 그러나 접속이 장기간에 걸쳐서 이루어지는 경우, 또는 복제율이 낮을 경우에는 원하는 기간 안에 그 효과를 보지 못할 수도 있다.

10일 동안의 복제율이 1.01이고 1만 명의 보균자로 시작할 경우 광고가 얼마나 신속하게 유포되는지 알아보자.

10일 동안의 복제율이 1.01인 경우

0일	10,000
10일	10,100
20일	10,201
30일	10,303
40일	10,406
50일	10,510
60일	10,615
200일	12,201

나쁘지 않다. 200일째 되는 날, 손가락 하나 까딱하지 않았는데도 무려 2,201명이나 더 마케팅 메시지를 보게 된다. 정말 괜찮지 않은가? 결과에 만족할 뿐이다.

이번에는 복제율을 단지 0.3퍼센트만 증가시켜 보자. 그러면 어떤 일이 벌어질까? 그 효과는 어떨까?

10일 동안의 복제율이 1.31인 경우

0일	10,000
10일	13,100
20일	17,161
30일	22,480
40일	29,449
50일	35,579

| 60일 | 50,539 |
| 200일 | 2,215,266 |

매우 놀랍다! 복제율이 1.31인 경우 10일 동안의 결과가 복제율 1.01의 200일 동안의 결과보다 뛰어나다. 그리고 200일이 되는 날, 마케팅에 돈 한 푼 쓰지 않았음에도 이 메시지를 본 사람은 2,215,266명으로 늘어났다. 이번에는 이들 숫자가 정말 대단해 보인다. 1.0이나 그보다 큰 복제율을 가지기란 여간해서 쉽지 않지만, 언제나 가능성은 있다.

그런데 복제율을 어떻게 증가시킬 것인가? 어떻게 하면 이 같은 놀라운 결과를 얻을 수 있을까? 그것은 아주 간단하다. 독성을 증가시키면 된다. 다시 말해 보다 전염성을 강하게 만들면 바이러스는 더욱 신속하게 퍼지게 된다.

입소문 바이러스의 독성 요소

생물학적 바이러스의 유포에 영향을 미치는 동일한 독성 요소를 은유적으로 입소문 메커니즘에 적용해 볼 수 있다.

면역성
신체가 바이러스에 미리 노출됨으로써 면역성을 갖게 되는 것처럼, 당신이 목표로 하고 있는 고객도 마케팅 메시지에 면역될 수 있다. 마케팅 메시지에 대한 면역성을 갖게 만드는 요인은 여러 가지가 있다.

불신

고객이 당신이나 당신의 제품, 당신이 종사하는 업계를 신뢰하지 않는다면 당신의 마케팅에 대해서 효율적으로 예방 접종을 받은 것이다.

아마도 고객은 당신의 제안과 유사한 제안을 무척이나 많이 들었을 확률이 높다. 어쩌면 당신에게 지쳤을지도 모른다. 혹은 당신이 판매하고 있는 제품이 제 기능을 하지 못한다고 생각할 수도 있다.

과잉 노출

일반적으로 마케팅에서 반복 노출은 대단히 효과적이다. 고객이 당신의 메시지를 들으면 들을수록 그만큼 메시지에 반응할 가능성은 높아진다.

정확하게 1번의 노출로 당신의 제품을 구매하는 사람이 있는가 하면(거절할 수 없는 제안은 이를 더욱 가능성 있게 만들어 준다), 신경조차 쓰지 않는 사람도 있다. 그러나 이미 알고 있다시피 반복은 상당히 효과적이고, 특히 브랜드를 구축하려고 할 경우에는 큰 도움이 된다.

그러나 '과잉 노출'은 바로 당신의 메시지가 오래된 진부한 뉴스라는 사실을 의미한다. 따라서 과잉 노출은 더 이상 고객의 상상력을 자극하거나 관심을 끌지 못한다.

당신의 접근 방식이 독특하지 않거나 고객의 관심과 관련이 없는 경우, 과잉 노출 문제가 발생할 수 있다. 이를테면 다른 피자 체인점에서도 '30분 배달 보증제'를 제공하면, 이러한 접근 방식은 도미노 피자에게는 더 이상 효과적이지 않다.

당신의 메시지를 지나치게 반복해서 전달하면 잠재 고객은 심드렁해질 수밖에 없다. 당신이 잠재 고객과 접촉하기 이전에 일어나는 모든 노출은 일종의 면역성을 갖게 함으로써 복제율을 높이는 데 부정적인 영향을 미친다.

숙주 강점

강력한 숙주는 바이러스에 노출됨으로써 오히려 높은 면역성을 갖게 된다. 그러나 숙주가 약할 경우에는 바이러스에 감염될 가능성이 높아진다.

예를 들어 무엇인가를 몹시 원할 경우, 사람들은 그것에 면역성이 약한 상태라고 볼 수 있다. 냉정하게 들릴 수도 있겠지만, 통증에 시달리는 환자나 불안에 떠는 사람은 면역성이 상당히 약한 상태이다. 따라서 이들은 이 같은 약점을 파고드는 마케팅 메시지에 보다 쉽게 전염된다.

지금까지 나의 체지방 수준은 건강 상태에 따라 올라가기도 하고 내려가기도 했다. 솔직히 말해 체중이 많이 나갈 때는 믿기 어렵고 우스꽝스러운 체중 감소 해결책에도 자주 귀를 기울이곤 했다. 하지만 건강이 좋을 때에는 동일한 마케팅 제안을 우습게 여기

게 된다.

앞에서 살펴본 것처럼 다수의 제안을 강화하는 수단은 당신의 잠재 고객들을 약하게 만들고 그들로 하여금 당신의 메시지에 보다 감염되기 쉽도록 한다.

복제 속도

당신의 제품에 대해서 사람들은 적극적으로 소문을 내는 편인가? 그들은 대화 도중에 우연히 얘기를 꺼내는가, 아니면 그것 자체를 화젯거리로 삼는가?

텔레비전 쇼 〈사인필드Seinfeld〉는 여유와 편안함이 깃들어 있는 분위기 덕분에 큰 호응을 얻었다. 사람들은 일을 하다가 잠깐 쉬는 동안에 동료들과 〈사인필드〉의 에피소드를 얘기하며 긴장과 피로를 풀었고, 이야기에 끼기 위해 계속해서 〈사인필드〉 쇼를 보게 되었다.

또한 〈사인필드〉는 매주 새로운 에피소드로 극이 전개되고, 각 에피소드에는 퍼뜨릴 만한 작은 문구들이 가득 차 있기 때문에 복제 속도는 믿을 수 없을 정도로 빨랐다.

전달 효율성

공기로 전달되는 바이러스가 얼마나 신속하게 퍼지는지, 반면 혈액 전파형 바이러스가 얼마나 느리게 퍼지는지 명심해야 한다. 비유적으로 말한다면 말은 공기로 전달되는 마케팅 바이러스의 전달 메커니즘이라고 할 수 있다. 말은 믿을 수 없는 속도로 공기를 통해서, 심지어 전파를 통해서 유포된다.

이를 시험해 보고 싶은가? 당신 옆에 있는 사람에게 마더 데레사에 대해 설명해 준다고 가정해 보자. 그 전에 먼저 전달 메커니즘을 택해야 한다.

전달 메커니즘은 2가지이다.

A_ 마더 데레사의 사진
B_ '마더 데레사'라고 말하는 것

마더 데레사의 사진을 보여 주는 것이 더 빠르지 않을까? 아마도 그럴 것이다. 하지만 나는 당신에게 마더 데레사의 사진을 가지고 있는지 묻고 싶다. 아마 가지고 있지 않을 것이다.

하지만 당신은 말을 할 능력이 있고, 또 계속해서 여러 사람에게 그것을 전달할 수 있다.

독성을 어떻게 측정할 것인가

독성이 당신의 마케팅에 어느 정도 측정할 수 있는 영향이 미치기를 원한다면 어떻게 해야 할까? 다양한 독성 요소에 긍정적인 영향이 미치도록 한 다음, 어떤 일이 벌어지는지 지켜보도록 하자. 당신은 몇 가지 근사한 결과를 얻을 수 있을 것이다.

나는 복제율을 증가시킬 목적으로 인터넷상에서 '바이럴 시스템'의 다양한 양상들을 측정했다. 바이럴 시스템이란 마음속에 있는 높은 독성으로 특별하게 고안된 시스템을 말한다. 우리는 다른 사람들에게 영향을 주기 위해 지속적으로 이 시스템을 통해서 사람들을 보냈다.

앞에서도 언급했듯이 인터넷상에 등장한 최초의 바이럴 시스템은 내가 만든 사이트인, 현재는 없어진 스타트블레이즈였다. 스타트블레이즈는 인터넷상의 최초의 '접속자 교환 시스템'이다. 접속자 교환 시스템이란 사람들에게 다른 웹 마스터나 웹 사이트 소유자를 얻게 해주거나, 웹 사이트 접속자들을 교환시켜 주는 시스템을 말한다.

그런데 실제로 흥미로운 것은 접속자 교환 시스템이 아니었다. 정말 관심을 끈 것은 시스템이 바이러스처럼 체계적으로 성장한다는 사실이었다. 스타트블레이즈는 그야말로 제대로 작동해 출범 6주 만에 전 세계에서 36번째로 가장 많이 방문하는 웹 사이트로 성장했다.

사실 스타트블레이즈는 1994년에 전자 서적을 보급시키기 위해 내가 사용했던 동일한 모델을 확장한 것에 지나지 않았다. 인터넷상에서의 전자 서적 대중화를 이끈 책으로 평가받는 『검색 엔진 전술Search Engine Tactics』은 1998년에 무려 100만 번 이상 다운로드되었다. 장티푸스처럼 전염성이 강했기 때문이다.

나는 이러한 바이러스성 모델이 후에 바이러스성 마케팅 시스템뿐만 아니라 거의 모든 것에 응용될 수 있다는 걸 알게 되었다.

전자 서적의 경우는 정말 간단하다. 책을 손쉽게 배포할 수 있는 형태로 만들어서(요즘에는 어도비의 PDF 파일이 많이 이용되고 있다) 표지에 다음과 같은 문구만 첨가하면 된다.

내용을 절대 변형시키지 않고 PDF 파일로만 전달하면 이 전자 서적을 무료로 배포할 수도 있고, 판매할 수도 있으며, 패키지에 포함시킬 수도 있습니다.

위의 문구는 『검색 엔진 전술』이 무려 100만 번이나 다운로드되는 결과를 불러왔다. 일단 인터넷에 유포시키기만 하면 이는 그 자체로 오랫동안 지속적으로 유포될 수 있다.

입소문의 일반적인 모델

입소문은 여러 단계로 나누어질 수 있다. 여기에서는 입소문이 인터넷상에서, 그리고 현실에서 마케팅에 어떤 식으로 적용되는지를 알아보고, 각각의 단계를 구체적으로 분석해 보고자 한다.

먼저, 입소문이 어떻게 기능하는가를 알아보자.

앞에서 설명한 모든 것은 인터넷상에서 단지 몇 분 안에 일어날 수 있다. 사이트를 방문한 사람들은 우리의 제품에 대해 알 수 있을 뿐만 아니라, 몇 분 안에 소프트웨어를 설치하고, 다른 사람들에게 그것에 대해 말할 수 있다. 오랜 시간에 걸쳐 우리 제품에 응용되었던 동일한 시스템은 수백만 달러의 매출을 가져다 주었다.

비단 내가 설립한 회사만이 놀라운 성과를 올린 것은 아니다. 이를테면 AOL에 합병되기 전에 ICQ*의 인스턴트 메시지 소프트웨어는 무려 1억 번이나 다운로드되었다. 이 기업의 메시지는 우리와 매우 유사한 방법으로 유포되었고, 이 기업은 시장 점유율이 높은 4개의 주요한 업체와 경쟁할 정도로 성장하면서 새로운 소프트웨어의 범주를 넓혀 나갔다.

냅스터, 핫메일, 크레디메일 등을 비롯한 다수의 기업은 1억 명이상을 감염시켰는데, 모두 거의 동일한 모델을 사용했다. 이 모델을 어떻게 복제할 수 있을까?

〈입소문의 일반적인 모델〉의 각 단계는 바이럴 시스템의 중요한 병목점들을 나타내고 있다. 이러한 병목점을 자세히 살피면 독성에 가장 많이 영향을 미칠 수 있는 지점에 초점을 맞추게 되고, 궁극적으로 복제율에 영향을 미칠 수 있다.

사실 각각의 병목점의 변환 비율을 약간만 좋게 하더라도 결과가 상당히 개선될 뿐만 아니라, 전체적인 복제율에 긍정적인 효과를 미치게 된다. 각각의 병목점을 세세하게 파헤쳐 보면 이러한 모델의 힘을 명확하게 알 수 있다.

그러나 모든 바이럴 시스템이 이 책에서 보는 것처럼 명확한 병목점을 갖지는 않는다는 점을 명심해야 한다. PDF로 전송되는 전염성이 강한 전자 서적은 첨부 메일을 통해 간단하게 한 사람에게서 다른 사람에게로 전송될 수 있다. 서명 단계를 생략하면 기본

---

* 인터넷 삐삐라고 불리는 실시간 메시지 전송 분야에서 가장 두각을 나타내고 있는 프로그램.

〈입소문의 일반적인 모델〉

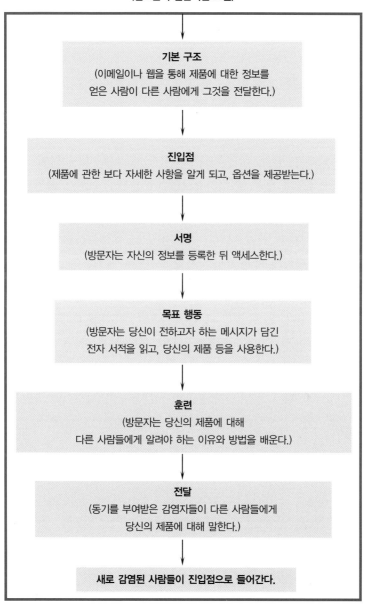

기본 구조
(이메일이나 웹을 통해 제품에 대한 정보를
얻은 사람이 다른 사람에게 그것을 전달한다.)

진입점
(제품에 관한 보다 자세한 사항을 알게 되고, 옵션을 제공받는다.)

서명
(방문자는 자신의 정보를 등록한 뒤 액세스한다.)

목표 행동
(방문자는 당신이 전하고자 하는 메시지가 담긴
전자 서적을 읽고, 당신의 제품 등을 사용한다.)

훈련
(방문자는 당신의 제품에 대해
다른 사람들에게 알려야 하는 이유와 방법을 배운다.)

전달
(동기를 부여받은 감염자들이 다른 사람들에게
당신의 제품에 대해 말한다.)

새로 감염된 사람들이 진입점으로 들어간다.

구조와 진입점의 구별은 흐릿해진다. 전송된 첨부 메일이 기본 구조와 진입점 기능을 한다.

이러한 모델은 당신의 목표에 따라 당신 자신의 광고에 적합하게 고객 맞춤형으로 변형되어야 한다. 이메일 주소 수집이 목표일 경우에는 서명 단계를 밟지 않아도 된다. 당신의 제품을 널리 알리고 싶을 때도 서명 단계는 필요하지 않다.

『검색 엔진 전술』은 처음에는 서명 단계를 사용하지 않았고, 오직 서적 유포를 위한 권리 진술서에만 의존했다. 서명 단계를 없애면 독성을 증가시킬 수 있지만 당신의 이익은 적어진다.

인터넷상에서 기가 막히게 효과가 있는 고전적인 독성 마케팅 모델을 설명하기 위해 가상의 사례를 만들어 보자.

a. 진입점 : 무료 전자 서적을 제공하는 웹 페이지를 만든다.

b. 서명 : 전자 서적을 다운로드하고 싶어서 액세스하는 방문자들은 자신의 정보를 제공해야 한다.

c. 목표 행동 : 방문자는 전자 서적을 다운로드하고 읽는다.

d. 훈련 : 전자 서적 독자에게 정보가 갖는 이익을 누리기 위해서는 친구들에게 이 사실을 알려야 한다고 말한다.

e. 전달 : 독자는 친구들에게 서적 다운로드를 제공해 주는 당신의 URL을 가르쳐 준다. 독자가 그들에게 전달하는 내용과 그에 대한 친구들의 의견은 ……을 만들어 낸다.

f. 기본 구조 : 어느 정도 확신을 가진 새로 감염된 사람들이 당신의 진입점으로 들어오고, 다시 한 번 이 과정이 반복된다.

기본 구조

이 단계는 한눈에 들어오지 않는다. 하지만 아마도 전체 과정에서 가장 중요한 단계일 것이다. 사람들이 당신의 진입점을 바라보는 심리적인 기본 구조는 그들이 그것에 대해서 어떻게 반응하는가에 큰 영향을 미친다.

친구의 추천은 마케팅이 보잘것없는 경우에도 제품 구매에 좋은 영향을 미친다고 했던 사실을 기억하고 있는가? 이러한 추천은 제품의 마케팅을 검토해 볼 수 있는 긍정적인 기본 구조를 만든다. 기본 구조는 너무나 중요해서 당신의 지각 능력을 철저하게 조정한다. 하지만 긍정적인 효과를 미칠 수도 있고, 반대로 부정적인 영향을 안겨 줄 수도 있다.

진입점

진입점이란 당신의 공식적인 마케팅 자료를 잠재 고객이 처음으로 보게 되는 지점을 말한다. 여기에서는 최악의 상황을 추정하고 긍정적인 기본 구조에 의존하지 말아야 한다. 일반적으로 광고 문안 연구는 이 단계에 집중하고 있다.

이러한 진입점은 서명 전에 몇 단계로 이루어질 수 있다. 다시 말해 잠재 고객은 실제로 응답을 하기 전에 여러 단계의 진입점을 통과할 수 있다.

이를테면 잠재 고객은 질문을 받기 전에 인터넷상에서 구글 Google의 광고 문안을 클릭해서 당신의 웹 사이트에 있는 판매 글을 읽을 수 있다. 혹은 고객은 텔레비전에서 당신의 광고를 시청한 다음 전화상으로 세일즈맨과 상담을 할 수 있다.

이러한 진입점의 2단계 모두가 잘 이루어질 때 고객에게서 긍정적인 반응을 얻을 수 있다.

병목점, 또는 이와 유사한 다른 단계에서 전환 비율을 높이면 결합에 긍정적으로 영향을 미치게 된다. 일례로 진입점에서 서명을 한 사람이 2퍼센트라는 사실은, 이러한 단계를 밟은 100명 가운데 2명만이 다음 단계로 간다는 것을 뜻한다.

진입점에서 복제율이 1.01이라고 해보자. 이 단계에서 전환율을 1퍼센트에서 3퍼센트로 증가시키면, 접속률이 1퍼센트 올라갈까?

아니, 그렇지는 않다! 이 경우 당신의 접속률은 무려 50퍼센트나 올라간다. 다시 말해 50퍼센트 이상의 사람이 당신의 시스템을 통과할 것이고, 따라서 시스템의 전체 성과(복제율)는 50퍼센트 증가하게 된다.

초기 단계에서 전환에 영향을 미치면 전체적인 결합은 엄청나게 달라진다.

서명

다시 한 번 말하지만 다수의 바이럴 시스템은 이 단계를 밟지 않는다. 액세스를 허락받기 전에 사람들은 당신의 제품명을 등록해야 한다. 이렇게 하면, 어떤 지점에서건 사람들이 바이럴 시스템을 포기할 경우에 당신은 그들을 추적할 수 있고, 따라서 그들이 포기한 지점인 병목점에서 전환을 증가시킬 수 있다.

물론 이것이 모든 바이럴 시스템에서 항상 실질적으로 이루어지지는 않는다. 하지만 이 단계를 어떤 식으로 멋지게, 위협적이지 않게, 방해가 되지 않게 바이럴 시스템에 통합시킬지를 심각하게 고민해 봐야 한다.

목표 행동

목표 행동은 당신의 바이럴 시스템의 유일한 존재 이유이다. 다시 말해 목표 행동이 없는 바이럴 시스템은 아무런 목적 없이 이 사람에게서 저 사람에게로 정보를 유포하고 있는 것에 지나지 않는다.

대부분의 비즈니스가 원하는 목표 행동은 판매이다. 웹 기반 바이럴 마케팅 소프트웨어 시스템에서 목표 행동은 방문자의 컴퓨터에 소프트웨어(예를 들어 Google Desktop Search Engine, Yahoo toolbar, MSN Instant Messenger)를 다운로드받아 설치하도록 하는 것이다.

특이하게도 정부가 하는 정치 선전에서의 목표 행동은 정보 자체이거나, 잘못된 아이디어나 정보를 유포하는 것이다. 대표적인 사례는 2003년 연합군이 이라크를 공격하기에 앞서 프랑스 정부가 미국에 대해 실행한 정치 선전에서 찾아볼 수 있다.

종전이 되자 사담 후세인 정부 관계자들이 원유 공급을 약속하면서 프랑스 정부 공무원들에게 뇌물을 제공한 사실과 UN의 석유 – 식량 교환 프로그램에 따른 리베이트를 착복한 사실이 밝혀졌다.

전쟁이 발발하기 전, 그러한 동기가 밝혀지기 전에 프랑스는 수많은 미국 시민을 비롯한 세계 각국의 사람들을 엄청나게 기만하는 범행을 저질렀다. 자크 시라크 프랑스 대통령은 후세인에 대해 무력을 사용해야 한다는 UN 결의안 1441에 서명했으면서도 미국이 완전히 오판을 해서 이라크와의 전쟁을 급하게 결정했다는 것에 대해 비판적인 연설을 했다.

프랑스 정부의 정치 선전은 많은 사람들의 심금을 울렸고, 평화를 원하는 사람들의 감정에 호소력 있게 다가갔다. 프랑스는 부정한 원유 계약에서 수익을 실현하기 위해 살인광 같은 독재자가 계속 통치하길 바라면서도 표면상으로 자애로운 평화의 비둘기처럼 보였고, 미국은 원유에 굶주려 전쟁을 저지른 미친 폭군처럼 보였다.

바이럴 시스템은 미친 듯이 작동했고, 이러한 사실이 밝혀진 다음에도 그들의 선전은 세계 각국이 미국에 대해 부정적인 시각을 갖게 만들었다. 프랑스의 목표 행동은 프랑스를 지지하고 미국을 반대하는 여론을 형성하는 것으로, 이는 미국은 물론 미국 이외의 국가에서도 상당한 반향을 불러일으켰다.

훈련

훈련 단계에서는 고객에게 다음과 같은 2가지 사항을 교육시킨다.

1_ 왜 말(인센티브)을 유포시켜야 하는가?
2_ 어떻게 유포시키는가?

스타트블레이즈 시스템은 매우 정교했다.

1_ 왜 말을 유포시켜야 하는가?

당신의 웹 사이트에 보다 많은 접속자를 불러오기 위해서.

2_ 어떻게 유포시키는가?

언론 기사, 제품 리뷰, 친구에게 전달하기 등 효과적으로 유포를
할 수 있는 몇 가지 도구를 사용하라.

우리는 스타트블레이즈를 유포시키기 위해 사람들에게 특정한
동기를 부여하는 의도 같은 것은 전혀 보여 주지 않았다. 다만 누
구든지 인센티브와 유포시키는 방법을 볼 수 있도록 했을 뿐이다.

노골적인 접근 방식은 입소문의 효과는 대단하지만 솔직히 말
해 목표를 성취하기 위한 최선의 방법은 아니다. 당신에 대해서 입
소문을 퍼뜨리라고 사람들을 교묘하게 매수하면 고객들은 그걸
쉽게 감지해 낼 수 있다.

네트워크 마케팅 산업에 종사하는 많은 사람들은 결국 이런 이
유 때문에 친한 사람들을 모두 떠나보냈던 것이다. 탐욕스러운 네
트워크 마케터들은 심지어 쓰레기 같은 제품을 다른 사람들에게
추천하도록 동기를 부여하고 있다. 커미션에는 뭔가 켕기는 것이
있다. 커미션은 전체 과정을 오염시켜 버린다.

스타트블레이즈는 인터넷 마케터 자신들을 위한 서비스이기 때
문에 입소문을 낸 사람들의 동기는 매우 순수했다. 스타트블레이
즈는 인터넷 마케터들이 전면에 나서서 전체 과정을 주관하도록

도왔지만, 어느 누구에게도 값진 시간을 버리면서까지 스타트블레이즈를 알리라고 강요하지는 않았다.

최고의 인센티브는 심지어 바이러스 전달자조차 의식하지 못하는 인센티브이다. 즉, 정보가 재미있다는 생각이 들면 사람들은 이를 친구들에게 전달하고 싶은 마음을 갖게 된다. 따라서 인터넷에서 가장 바이러스성이 강한 것은 유머러스한 것이라고 해도 과언이 아니다.

그렇다면 어떤 것이 인센티브가 된단 말인가? 친구에게 농담을 하는 사람은 어떤 식으로 인센티브를 얻을까? 이런 경우의 인센티브는 상당히 미묘하면서도 대단히 효과적이다. 친구들에게 농담을 하는 사람에게 돌아가는 인센티브는 바로 '친구들 앞에서 재미있고 멋지게 보일 수 있다' 는 것이다.

모든 행동에는 항상 어느 정도의 인센티브가 따르게 마련이다. 눈에 띄게 확실한 인센티브든지, 미묘한 인센티브이든지 상관없이 말이다.

당신이 운영하는 기업과의 모든 접촉은 당신의 안내 데스크 직원을 통해서든, 세일즈맨을 통해서든, 깨끗이 청소가 된 당신 회사의 화장실을 통해서든, 잠재적인 입소문 인센티브를 제공하고 있다. 당신이 운영하는 식당의 화장실이 깨끗할 경우, 그것에 대해서 말하는 사람은 반드시 있다. 샐러드에서 바퀴벌레가 나왔다면 그 말 역시 십중팔구 퍼질 것이다.

나는 얼마 전에 노트북 전원 장치 판매업체로부터 중요한 것을 배웠다. 그 업체의 배터리가 잘못되는 바람에 내 노트북은 완전히 고장이 났고, 나는 글 쓰는 작업을 중단해야 했다. 그걸 반품하는 과정은 한마디로 악몽이었다.

나는 배터리를 판매업체로 보냈는데, 페덱스는 반품 번호가 상자에 적혀 있지 않아 그 회사에서 수화물을 받지 않는다고 전화로 알려 왔다. 나는 그 판매업체로부터 반품할 경우 상자에 반품 번호를 적으라는 말을 들어 본 적이 없다.

페덱스 사무실 직원은 아무렇지도 않은 듯이 내게 "그 회사는 항상 이런 식으로 일을 처리합니다. 정말이지 골치 아픈 회사예요"라고 말했다. 나는 페덱스 직원의 입에서 이런 소리가 나올 줄은 꿈에도 생각하지 못했다. 그의 말대로 그 회사는 정말이지 악질

중의 악질이었다.

원래 그런 식이라는 페덱스 직원의 말을 듣고 보니 배터리를 판매한 회사가 엉터리 제품이나 팔아먹는 못된 회사라는 생각이 더욱 강해졌다.

이번 일로 내가 받게 된 인센티브는 당신으로 하여금 이처럼 형편없는 기업에 시간과 자원을 투자하지 않도록 했다는 만족감이다. 그 회사는 이 같은 사실을 전혀 모르겠지만, 나는 이 일을 통해 많은 걸 알게 되었다.

그 회사가 나에게 좋은 제품과 서비스를 제공했다면 나는 사람들에게 그 사실을 말했을 것이고, 사람들은 그 회사의 제품을 보다 많이 구입했을 것이다.

솔직히 나는 그 기업의 경쟁업체에서 배터리를 알아보았다. 그들은 지난번과 동일한 용량인데도 불구하고 소형인, 가격은 3분의 1밖에 되지 않는 배터리를 제공해 주었고, 나는 아무런 어려움 없이 그걸 사용하고 있다.

또한 그 회사의 판매 담당자는 사용하는 데 전혀 불편함을 겪지 않도록 배터리 사용법과 관련해 친절하게 설명까지 해주었다. 그 덕분에 나는 12시간이나 사용할 수 있는 배터리를 장착해 다니면서 노트북으로 이 글을 쓰고 있다.

전달

인터넷상의 제휴 마케팅 시스템은 각각의 사용자에게 할당된 추적 링크를 통해 전송한 것을 기록한다. 제휴 마케팅이 무엇인지 모른다면 인터넷에서 제휴 마케팅을 처음으로 개척한 기업인 아마존닷컴을 보면 된다.

아마존닷컴은 책을 추천해 준 사람들에게 수수료를 주고 있다. 고객에게 특별한 추적 링크를 제공하고, 고객이 자신의 판단에 따라 그것을 배포함으로써 제휴 마케팅이 이루어지고 있다.

현재 아마존닷컴은 이 시스템에 속한 수많은 사람들이 계속해서 추천을 하도록 상당히 방대한 시스템을 가동하고 있다. 새로운 고객은 다른 고객을, 다른 고객은 또 다른 고객을 추천해서 수수료를 받을 수 있는 기회를 갖게 된다.

이 단계에서 복제 속도를 증가시키면 더 많은 고객이 당신의 바이럴 시스템을 통해 수수료를 받게 된다. 당신은 매번 누군가가 다른 누군가에게 당신의 비즈니스에 대해서 말하는 것을 측정할 수 있는 행운까지는 누릴 수는 없을지도 모른다. 하지만 복제 속도를 급격히 증가시킬 수는 있다.

아마존의 제휴 프로그램과 마찬가지로 인터넷상에서 바이럴 시스템은 매우 계획적으로 움직이고, 당신의 마케팅 과정과는 관계가 없는 듯 보이기도 한다. 하지만 이 모델은 거의 모든 정보의 유포에 은유적으로 적용될 수 있다.

당신은 자신도 모르는 사이에 한 가지 형태나 다른 형태의 바이럴 시스템을 사용하고 있다. 다시 말해, 당신과 거래를 하는 모든 고객은 하나같이 그러한 과정을 거치게 되고, 당신은 그를 위해서든 아니든 그들을 훈련시키고 있고, 그는 그 정보를 다른 사람들에게 전달하고 있다.

또한 당신은 매일 자신에 대한 바이럴 시스템에 얽혀 있다. 하루 종일 집에 있을 경우, 바이러스의 복제 속도는 아마도 매우 낮을 것이다. 그러나 하루 종일 사람들 앞에서 중요한 일을 할 경우, 당신의 복제 속도는 급격하게 높아진다. 여기에 대해서는 나중에 더 자세히 알아보자.

독성은 각각의 병목점을 추적하고 시험함으로써 측정할 수 있다. 각각의 단계에서 일어난 일들을 세심하게 조정하면 시간이 지날수록 더 나은 결과를 얻을 수 있다. 그리고 복제율의 작은 차이가 어떤 결과를 가져오는지, 심지어 아주 작은 변화조차도 시간이 지날수록 크나큰 변화를 소리 없이 가져온다는 사실을 당신은 기억해야 한다.

바이럴 시스템에 대한 일반적인 조언

바이럴 시스템의 효과를 증가시켜 줄 몇 가지 일반적인 조언은 다음과 같다. 이 모든 것이 실제로 거절할 수 없는 제안과 관련해 어떤 놀라운 영향력을 발휘할지 곧 를 알게 될 것이다.

간단하게 하라

시스템이 복잡하거나 어렵다면 과정이 갖는 일체의 불편함, 혼란 또는 난처함으로 인해 사람들은 당신의 과정을 경험하지 않으려고 할 것이다. 앞에서 말한 조 비테일의 타코마 치프 기타 일화를 기억하고 있는가? 이 기업은 소비자가 손쉽게 제품을 구매하도록 하는 과정을 몰랐고, 그 때문에 결국 판매로 연결시키지 못했다.

사람들은 하루 종일 정신없이 살아간다. 약간의 혼란으로 불과 5초 정도의 짧은 시간이라도 판매가 지연된다면 잠재 고객은 다른 제품을 구입하거나 다른 것에 관심을 갖게 될 가능성이 많다.

당신의 웹 사이트를 방문한 사람이 있다고 생각해 보자. 그 사람은 구매 욕구에 휩싸여 무엇인가를 사기 직전이다. 그는 신용 카드를 꺼냈으나 당신 사이트에서 어떻게 주문을 해야 하는지를 모르고 있다. 주문 버튼을 찾기 위해 헤매고 있는 와중에 그의 아내가 저녁을 먹으라고 소리친다. "여보 잠깐만, 이것만 클릭하고"라고 말하기는커녕 그는 아예 주문을 포기하고 저녁을 먹으러 간다. 아무래도 이 사람은 다시는 당신 사이트를 방문하지 않을 것 같다.

이 사례는 거의 모든 과정에 유사하게 적용될 수 있다. 판매 과정이 간단하면 간단할수록 사람들이 제품을 즉시 구입할 가능성이 높아진다.

단계를 줄여라

나는 고객에게 컨설팅을 할 때 다음의 그래프를 보여 주곤 한다. 거칠게 일반화한 그래프지만, 요점은 명확하다. 즉, 판매 과정의 단계가 많으면 많을수록 그만큼 반응은 떨어진다.

이를테면 거래를 위해서 전화로 주문을 받은 다음, 신용카드와 운전 면허증 복사본을 팩스로 보내 달라고 하는 기업이 있다. 고객

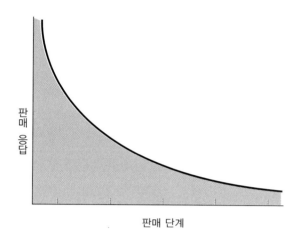

판매 응답

판매 단계

은 이 같은 쓸데없는 과정 때문에 구매하려는 의욕이 뚝 떨어져 결국 그 기업의 제품을 구매하지 않게 된다.

이와 유사한 경험을 해본 적이 있는가? 나는 잘 만든 주문 페이지를 웹 사이트에 올리고, 나의 뉴스레터 구독자들에게 그 페이지를 방문해 달라는 이메일 메시지를 전송해서 이 이론을 시험해 본적이 있다. 결과는 어떻게 나왔을까? 나는 단 이틀 만에 무려 10만 달러 이상의 디지털 제품을 판매했다.

물론, 항상 이처럼 1 : 1의 상관관계가 이루어지지는 않는다. 거래를 손쉽게 성사시키기 위해서는 최소한의 단계가 바람직하다. 그러나 거래를 성사시키기 위해 10단계가 모두 필요하다면 10단계 전부를 밟아야 한다. 어떤 단계가 고객의 반응에 결정적인 영향을 미친다면 과정을 간략화하기 위해 그 단계를 생략할 수는 없다.

뛰어나라

사람들은 주목할 만한 것에 대해서만 말하는 법이다. 그 가운데서도 가장 주목받을 만한 것은 뛰어난 것이다. 아주 단순한 원리이다.

다양한 인센티브 방안을 활용하라

다시 한 번 강조하는데 인센티브는 다양한 형태로 나타난다. 당신에 대한 소문을 퍼뜨리도록 당신 고객에게 창조적인 동기를 부여하라. 그렇게 하면 당신은 당신이 성취한 것을 보고 스스로 놀라게 될 것이다.

고전적인 방법은 고객에게 선물할 수 있는 유용한 상품권이나 할인권을 제공하는 것이다. 아마도 상품권을 받고 기분 나쁠 사람은 없을 것이다. 그러나 결혼기념일에 아내에게는 티파니 보석상에서 판매하는 반지 상품권이 아닌 다른 상품권을 주지는 말라.

금전적인 동기 부여는 가장 확실하지만 최악의 인센티브다

사람들은 당신 제품에 대한 입소문을 유포하도록 금전적인 동기를 부여받은 사람들에게서는 부정한 낌새를 느낄 수 있다. 커미션 인센티브는 확실히 효과가 있다. 하지만 제품 결점에 대한 미봉책으로 커미션 인센티브를 이용해서는 안 된다.

지인 한 사람이 최근에 네크워크 마케팅 기업을 창업했는데, 내게 마케팅 책임자로 일해 달라고 부탁했다. 그의 계획을 꼼꼼히 들어 보니 아이디어 자체는 훌륭했지만 그 제품이 사람들이 계속해

서 구매할 정도는 아니라는 생각이 들었다.

나는 그에게 사람들이 제품에 만족할 때까지 계속해서 제품을 개선하는 게 좋겠다고 조언을 했다. 그러나 그는 후원자들의 탐욕에 호소하겠다고 했다.

그는 "솔직히 사람들이 제품에 만족하는 것은 아니야. 하지만 계속 커미션을 받기 위해서 가입자로는 남아 있지"라고 말했다. 그것이 그의 치명적인 실수였는데, 그는 그 사실을 몰랐다. 그리고 대부분은 아니지만 다수의 네트워크 마케팅 신생 기업들 역시 그러한 생각을 갖고 있다.

나는 그의 부탁을 거절하면서 그 이유를 설명했다. 그러나 그는 이미 자기 사업에 대한 광고를 하고 있다고 말했다. 나는 그에게 행운을 빈다는 말을 전했다.

요즘 들어 그 기업은 고전하고 있다. 출범 전에는 꽤 많은 사람들이 제품에 대해서 호기심을 가졌지만, 실제 제품과 가격이 밝혀지자 소수의 사람들만이 돈을 지불하는 고객이 되었다.

그는 한순간에 돈을 왕창 버는 대박을 대단한 인센티브로 생각하고 있었다. 다시 말해 그는 대박이 나면 입소문이 퍼져 고객이 지속적으로 주의를 기울여 줄 것이라고 잘못 판단하고 있었던 것이다.

하지만 대박을 인센티브로 사용하는 것만으로는 효과적으로 입소문을 퍼뜨리기에 충분하지 않다. 그 어떤 것도 신바람 난 고객을 대신할 수는 없다.

다른 기업의 바이럴 시스템을 연구하라

다른 기업들은 이러한 프로세스를 어떻게 이용하는가를 철저하게 살펴라.

어떤 기업의 광고가 성공할 것 같다는 생각이 들면 그 기업이 무슨 활동을 하고 있는지 완벽하게 파악하기 위해 가끔씩 그 기업의 고객이 될 필요가 있다.

프로세스의 모든 단계를 눈여겨보고, 알게 된 것들을 당신의 회사에 부단히 응용해서 복제율을 높여라.

거절할 수 없는 제안은 최고의 입소문 수단이다

앞에서 입소문에 대해 살펴본 내용은 우리에게 다음의 4가지 중요한 교훈을 주었다.

1_ 입소문(직접 말로 하든, 이메일이나 인쇄물을 통해서 하든)은 언제 어디서나 활용할 수 있는, 매우 빠르고 효율적인 전달 메커니즘이다.

2_ 입소문을 만들어 내는 최고의 인센티브는 거짓이 전혀 없는 순수한 열성이다.

3_ 싫든 좋든 당신은 항상 바이럴 시스템을 만들고 있을 뿐만 아니라 전파하고 있다.

4_ 자신에 대한 입소문을 스스로 통제하기는 쉽지 않지만, 실질적으로 그것에 영향을 미칠 수는 있다.

네 번째 교훈이 제일 중요하다. 즉, 당신은 자신에게 유익한 쪽으로 입소문을 계속해서 만들어 낼 수 있다. 사실, 거절할 수 없는 제안은 당신을 입소문의 대가를 만들어 줄 초석이다. 그렇다면 거절할 수 없는 제안은 입소문과 어떤 관련이 있나?

거절할 수 없는 제안은 곧 입소문이다. 거절할 수 없는 제안의 3가지 요소를 기억하고 있는가?

1_ 높은 투자 수익 제안
2_ 신뢰성
3_ 시금석

높은 투자 수익을 제안하면 열광하는 팬이 생긴다

당신은 어떻게 고객을 기쁘게 할 것인가? 어떻게 고객을 열광하는 팬으로 만들 것인가? 당신은 고객을 감동시킬 수 있다. 당신은 고객에게 그들이 지불한 돈에 대해서 기대 이상으로 많은 것을 제공할 수 있다.

어떤 사람들은 당신의 고객이 입소문을 내게 하려면 일단 눈에 띄어야 한다고 말한다. 그러나 나는 그 의견에 전적으로 동의하지는 않는다.

당신이 아무리 눈에 띄더라도 계속해서 사람들을 속인다면 그들은 당신을 어리석다고 생각할 것이다. 속임수 마케팅은 열광하는 팬을 만들어 내지 못한다. 오직 '뛰어남'만이 열광하는 팬을 만들어 낼 수 있다.

열광하는 팬은 전염성이 매우 강하다. 열광하는 팬은 높은 복제율을 가지고 있고, 전달 효율성 또한 대단히 높다.

당신이 목표로 삼고 있는 사람이 친구에게서 당신의 메시지를 듣게 되는 경우 메시지에 대한 면역성은 현저히 떨어진다.

면역성을 없애는 방법은 다음과 같다.

신뢰는 면역성을 없애는 가장 강력한 방법이다

숙주가 면역성을 가지고 있으면 바이러스에 감염되지 않는다. 불신은 잠재 고객이 당신의 마케팅 메시지에 면역성을 갖게 한다는 사실을 명심하라.

신뢰할 수 있는 요인들만 갖추고 있다면 잠재 고객의 불신은 줄어들게 마련이다.

최후의 바이러스로서의 시금석

(최종 프로그램을 가지고 있는 최종 전달 매체)

바이러스는 2가지 중요한 요소, 프로그램과 전달 메커니즘으로 구성되어 있다는 점을 기억하라. 프로그램은 '당신 자신'과 '중요한 어떤 것'을 '복제'하라고 말한다.

당신의 '중요한 어떤 것'이 의미 있는 것이라면 상대방에게 어느 정도 영향을 미치게 된다. 이때 전달 메커니즘은 독성을 촉진시키는 역할을 한다.

최종 바이러스는 다음과 같은 특성을 보일 것이다.

1_ 대단히 빠른 복제 속도

2_ 바람처럼 퍼지는 전달 메커니즘

3_ 강력한 영향력을 가지고 있는 프로그램

감기 바이러스에 감염된다면 그 영향은 그다지 크지 않을 것이다. 그러나 탄저균이라면 그 영향은 심대하다. 마케팅 바이러스 역시 이런 속성을 가지고 있다.

짧고 흥미로운, 기억에 남을 만한 시금석은 대단히 빠르게 전달된다. '30분 안에 배달되지 못하면 피자가 공짜'라거나 '1센트에 10개의 CD를'이라는 시금석을 기억하고 있을 것이다.

시금석은 또한 엄청난 영향력을 가지고 있는 프로그램이다. 바로 이것이 핵심이다. 고객에게 짧은 밈 형식의 시금석을 통해 최종 메시지를 제안하면 당신은 프로세스를 완전히 장악하게 된다. 심지어 시금석 사용을 중단한 후에도 여전히 사람들의 기억에 남아 있는 생명력이 긴 시금석이 될 수도 있다.

도미노 피자에 대해 말할 경우, '30분 안에 배달하지 못하면, 공짜'라는 말이 가장 먼저 떠오를 것이다. 이제 '30분 안에 배달하지 못하면, 공짜'라는 말을 생각하지 않고 도미노 피자를 떠올릴 수 있을까? 바로 이런 것이 시금석이 갖는 힘이다. 이러한 시금석이 없었다면 도미노 피자에 대한 입소문은 순식간에 퍼져 나갈 수 없었을 것이다.

도미노 피자는 자신만의 독특한 시금석으로 우리의 마음을 완전히 사로잡고 입소문 프로세스를 철저하게 장악했다. 이 시금석은 그 외에 다른 모든 정보를 없애 버릴 정도로 지속적으로 위력을 발휘했다.

당신의 뇌에 확실하게 뿌리내리고 있는 이 시금석은 위험 요인을 없애는 매개체이자 신뢰를 구축하는 중요한 요소이며, 호기심을 일으켜 입소문을 자극하고, 판매를 유도하는 황금 덩어리이다.

사람들이 당신에 대한 정보를 퍼뜨리고 있을 경우, 그들이 유포하는 정보가 이 모든 것을 다 할 수 있다면 정말 멋지고 대단하지 않겠는가?

다른 전달 매체는 어떤가?

이 시점에서 당신은 '왜 다른 매체가 아니라 시금석에 깃든 힘에 집중해야 하나?' 하고 의문을 가질 수도 있을 것이다. 그렇다면 앞에서 살펴본 마케팅 방법들은 모두 잊어버리고 다음의 몇 가지를 검토해 보자.

이미지는 어떤가?

이미지는 단 한 번 보는 것으로 의미를 전달할 수 있다. 굳이 말을 하지 않고도 당신은 사람들에게 이미지를 보여 줄 수 있고, 그걸 통해서 사람들은 즉시 중요한 것을 알아챌 수 있다. 이미지가 그토록 효율적이라면 시금석 대신에 이미지를 사용하지 않는 이유는 무엇일까?

당신은 당신을 표현해 줄 적절한 이미지를 항상 갖고 다니는가?
그렇지 않을 것이다. 이는 공기에 의해 유포되는 바이러스와 혈액
으로 유포되는 바이러스의 차이와 같은 것이다. 공기를 통해 전해
지는 바이러스는 그 속도만큼이나 강력한 효력을 갖고 있다.

잠깐, 사람들은 주머니에 마케팅 메시지가 담긴 이미지를 넣고
다니지는 않지만, 이미지를 입고 다닌다!

브랜드는 어떤가?

분명 우리는 마케팅 메시지를 전달하는 이미지를 입고 다닌다.
대부분의 사람은 매일 입고 다니는 옷과 걸치고 다니는 액세서리
로 자신의 이미지를 표현한다. 또한 우리는 이미지를 몰고 다니고
(자동차), 이미지를 가지고 스포츠를 하고(볼과 야구방망이 등), 이미
지로 연주를 한다(기타, 피아노 등).

그렇다면 브랜드를 만드는 것이 당신의 마케팅 메시지를 전하
는 보다 효과적인 방법이 아닐까? 물론 당신이 휴대하고 다니는
물건의 로고가 당신 비즈니스에 매우 긍정적인 영향을 미칠 수 있
다는 점은 어느 누구도 부정할 수 없다. 그러나 브랜드를 이용하는
방법은 즉시 드러나지는 않는 몇 가지 약점이 있다.

| 브랜딩에 시간이 걸린다 |

당신이 새로운 브랜드의 의류 업체를 경영하고 있다면 사람들
은 당신의 브랜드를 금방 알아차리지 못할 것이다. 브랜드에 민감
한 사람들은 "멋진 녀석이 이 옷을 입고 있어"와 같은 청신호를 주

기 전까지는 당신의 브랜드를 신뢰하지 않는다.

당신은 순식간에 확고한 브랜드 정체성을 만들어 낼 수는 없다. 하지만 강력한 시금석은 한순간에 메시지를 완전히 장악한다.

| 결합에 대한 통제력이 약하다 |

사람들은 브랜드에 대해서 자기만의 생각을 가지고 있다. 인기 텔레비전 시리즈 〈섹스 앤 더 시티Sex and The City〉 시청자들 중에는 프라다를 최고의 브랜드로 생각하는 사람이 많다. 그러나 이와는 전혀 다른 생각을 가지고 있는 사람들도 많다.

더구나 누군가가 갖고 있는 브랜드에 당신이 처음 노출되었을 때 그것이 매력이 없거나 새롭지 않다면, 그 브랜드의 이미지는 처음과는 매우 다르게 느껴질 것이다. 브랜드를 보고 떠오르는 생각은 물론 논리적이지 않을 수 있다. 당신을 해고한 사람이 프라다 구두를 신었을 경우, 프라다에 대한 인상이 좋지 않을 것이 분명하다. 마찬가지로 〈섹스 앤 더 시티〉를 즐겨 시청하면 프라다를 좋게 생각할 가능성이 높아진다.

거듭 강조하지만, 시금석보다 당신의 생각을 명확하고 효과적으로 전달하는 것은 없다.

| 메시지가 모호하다 |

만일 당신이 아르마니 정장을 좋아한다면 그 브랜드가 실질적으로 당신에게 의미하는 것은 무엇인가?

그 브랜드에 대한 당신의 의견을 구성하는 일련의 길고 매우 섬

세한 연결 고리가 있을 것이다. 하지만 당신은 그 연결 고리를 쉽게 말로 표현할 수 있을까?

시금석이 있으면 이러한 모호성은 완전히 사라진다.

| 모든 사람이 브랜드를 활용할 수 있는 것은 아니다 |

의류, 차량, 물류 차량 등을 가지고 있는 기업은 눈에 보이는 브랜드 로고를 공격적으로 손쉽게 유포시킬 수 있는 엄청난 브랜딩 기회를 갖고 있다.

당신의 비즈니스는 어떤가? 브랜딩을 적용할 수 없을 수도 있을 것이다. 그렇다고 해서 '브랜드가 필요 없다'는 것은 절대 아니다. 여기서 말하고자 하는 것은 거절할 수 없는 제안이 당신의 브랜드 정체성이 되어야 한다는 것이다. 브랜드 로고를 가지고 있다면 사람들이 그것을 볼 때 당신의 시금석을 떠올릴 수 있어야 한다.

사례 연구 : 시금석이 브랜드가 된 경우

렉서스 자동차는 당신에게 어떤 브랜드인가? 여러 가지를 의미할 수 있겠지만 아마도 '싸구려 자동차'라거나 '도요타의 자동차'라는 생각이 먼저 떠오르지는 않을 것이다.

도요타는 세계에서 가장 믿을 만한 자동차 제조업체이지만 한 번도 제대로 고급 승용차 시장에서 확고한 발판을 마련하지 못했다. 도요타는 믿음이 가는 경제적인 자동차 제조업체로서 견고한 위치를 확보한 뒤에도 실제로 높은 신뢰성을 얻지는 못했다.

그러나 도요타는 천재적인 솜씨를 발휘해 렉서스 자동차를 생산함으로써 자신들의 문제를 해결했다. 렉서스를 몰고 있다면 당신은 정말 멋진 림과 편안한 외관을 가지고 있는 도요타 브랜드의 자동차를 몰고 있는 것이다.

렉서스를 생산한 도요타는 앞으로의 판매가 험난할 것이라고 예상했다. 도요타는 고급 브랜드로 인식되기를 원했지만 고급 브랜드의 이미지는 장기간에 걸쳐 형성된다는 걸 알고 있었다.

그래서 도요타는 고급스러운 이름을 생각해 냈고, 영국 배우를 출연시켜 광고를 제작했으며(미국인들은 항상 유럽 악센트를 가진 사람을 자기들보다 훨씬 품위 있다고 생각하는 것 같다), 뛰어난 시금석인 '3만 달러만 있으면 고급 승용차를 탈 수 있습니다'를 개발했다.

이 시금석은 정말 눈부실 정도로 대단했다. 렉서스는 이 시금석을 바탕으로 고급 브랜드로 견고하게 자리를 잡았다.

여전히 메르세데스를 고급 승용차라고 생각하는 나는 렉서스 자동차를 타지 않지만, 나보다 젊은 사람들은 렉서스의 브랜드에 열광하고 있다. 마음속에 자리 잡은 특정 브랜드가 없는 그들에게 렉서스는 최고급 브랜드인 것이다.

밈은 어떤가?

밈이 매우 효율적인 커뮤니케이션 형태라면 높은 효과를 얻기 위해 밈을 사용하는 것은 어떤가?

우리는 시금석이 밈이라는 사실을 알고 있다. 밈은 매우 중요하지만 간혹 중요성이 떨어지는 경우도 있다. 주지하다시피 밈은 어느 것이나 될 수 있다.

당신은 메시지를 전달하기 위해 밈을 만들 수 있다. 당신의 기업을 상징하기 위해 갑작스럽게 밈을 만들어 냈다면 그 밈은 도움이 되지 않는 메시지를 보낼 수도 있고, 이미지를 손상시키는 메시지를 보낼 수도 있다. 또한 의미가 모호해서 의미를 파악하기 전에 해석이 필요한 밈도 있을 수 있다.

그러나 시금석은 적절한 메시지를 즉시 전달한다. 그리고 그 메시지는 매우 선명하다.

이 책을 읽는 목적이 제품이나 서비스에 대한 마케팅을 개선하는 것이라면 당장 이 책을 처음부터 다시 읽어라. 이번에는 한층 더 준비를 철저하게 하라. 중요한 것은 기록해 두고, 그것을 당신의 비즈니스에 어떻게 적용시킬 것인지를 정확하게 그려 보도록 하라.

제품을 개선시킬 필요가 있나? 그렇다면 가능한 한 빨리 실행에 옮겨라. 다른 건 전혀 문제가 없는데, 훌륭한 시금석이 필요한가? 그렇다면 당장 시금석을 만들어라!

나는 이 책을 읽는 독자의 99퍼센트는 책에 나오는 내용을 실제 비즈니스에 제대로 적용하지 못할 거라고 생각한다. 나는 한 세미나에서 내 생각을 뒷받침해 주는 실험을 한 적이 있다. 그날 모인 700여 명의 청중들에게 나폴레온 힐의 『생각하라 그러면 부자가 되리라Think and Grow Rich』라는 책에 대해 들어 본 적이 있는 사람은 그 자리에서 일어나라고 했다. 대부분의 사람이 일어났다. 그 다음에 나는 그 책을 읽지 않은 사람은 앉아 달라고 했다. 95퍼센트 정도가 그냥 서 있었다.

정말이지 놀랄 일이었다! 나는 삶을 변화시켜 줄 훌륭한 책을 읽은 그들에게 박수를 보냈다. 그런 다음에 나는 "그 책에서 배운 원리대로 한다고 해도 부자가 될 수 없거나 자신의 원대한 꿈을 실현할 수 없을 거라고 생각하는 사람이 있으면 지금 당장 자리에 앉으세요"라고 말했다. 자리에 앉는 사람은 아무도 없었다.

나는 약간 놀란 표정을 지으면서 "그 책 38페이지를 펼치면, '자신감 공식Self Confidence Formula'이 있습니다. 저자는 책을 읽고 나서 성공하고 싶다면 그 공식을 기억해 두었다가 하루에 한 번씩 큰소리로 외우라고 했습니다. 나와 함께 이 자리에서 '자신감 공식'을 외울 수 없을 것 같은 사람은 자리에 앉으세요"라고 말했다. 그러자 침묵 속에서 전원이 자리에 앉았다.

그 순간에는 아무 말도 필요하지 않았다. 나는 1분 정도 침묵을 지켰다. 그러고 나서 나는 "여기에 있는 사람들 모두는 힐의 책을 따르면 부자가 될 수 있고, 성공할 수 있다고 믿고 있습니다. 하지만 어느 누구도 실천을 하고 있지는 않습니다. 그 이유가 무엇입니까? 오늘 당장 바꿔 봅시다. 지금 당장 몇 가지 행동을 직접 해봅시다"라고 말했다.

그날 내 말에 귀를 기울였던 대다수의 사람들은 지금도 2년 전이나 조금도 달라지지 않았을 거라고 나는 확신한다. 소수만이 삶에서 실질적인 행동을 취해 변화했을 것이다. 그리고 그들은 반드시 성공했을 것이다.

나는 '끊임없이 행동에 집중하는 것'이 성공의 지름길이라고 믿고 있다. 먼저 당신이 원하는 목표를 실현시켜 주는 행동이 무엇인지 파악하라. 그러고 나서 지속적으로 행동에 옮겨라. 지금 이 순간 이 책에서 배운 것들을 실생활에 적용하기로 결정했다면 당신은 이미 남들보다 앞선 것이다.

이 책을 그냥 내려놓거나 잊어버리지 말라. 반복해서 읽고 하나하나 행동 계획으로 바꿔 나가라. 그 다음에 부단히 행동 계획을 실천하라. 그렇게 하는 것이 성공하는 삶을 이루는 유일한 방법이다.

-마크 조이너

부록 A
3초 안에 자신을 팔기

　지금까지는 제품 판매 및 서비스 비즈니스에 초점을 맞춰 거절할 수 없는 제안을 다뤄 왔다.

　판매는 항상 우리와 관계된 가장 중요한 것이기 때문에 하나의 제품을 판매할 때 적용되는 핵심 이론은 다른 제품의 판매에도 적용된다. 그리고 저마다 미묘한 차이가 있지만 피자를 팔든, 자기 자신을 팔든 동일한 4가지 핵심 질문에는 반드시 답을 해야 한다.

　당신은 '나는 나 자신을 절대로 팔지 않아! 나는 피자나 가전제품이 아니야!' 라고 생각할 수도 있을 것이다. 어쩌면 그 생각이 맞을지도 모른다. 하지만 먼저 다음의 몇 가지 질문에 대답해 보자.

일자리를 얻기 위해 지원한 적이 있는가?

원하던 학교에 지원한 적이 있는가?

이성의 마음에 들려고 노력한 적이 있는가?

당신이 좋아하는 영화를 보자고 친구에게 제안한 적이 있는가?

당신이 옳다는 걸 누군가에게 확신시키려고 애쓴 적이 있는가?

위의 질문 가운데 어떤 것에 대해서든지 '그렇다'라고 답을 한다면 당신은 이미 당신 자신을 판매한 것이다. 기왕에 자신을 판매해야 한다면 성공하는 게 낫지 않을까? 자기 자신을 판매하는 기술은 실제로 세상을 살아가는 동안 여러 경우에 매우 유용하게 사용될 것이다.

은유로서의 거절할 수 없는 제안

겉으로 보기에 전혀 관련이 없는 이론을 은유적으로 사용해서 대단히 유익한 통찰력을 얻는 경우가 종종 있다. 군대의 전술과 전략은 비즈니스 세계를 보여 주기 위해 사용되는 대표적인 은유 중하나다. 군 지도자들이 『손자병법』을 즐겨 읽거나 하버드 MBA 과정을 밟는 이유가 바로 여기에 있다. 나는 지난번 저서에서 군대를 은유적으로 사용해서 비즈니스 이론을 밝혀냈다.

군대와 비즈니스의 관계를 보여 주는 대표적인 사례를 들어 보자. 전투에서는 적을 놀라게 하는 전술을 가장 중요하게 생각한다.

적을 깜짝 놀라게 만들면 철저한 작전 계획하에 움직이고 있던 적이라도 순간 당황하게 되고, 계획대로 작전을 수행할 수 있는 능력을 잃게 된다.

그 때문에 정교한 속임수로 적을 놀라게 만들어 전술적으로 유리한 상황에서 전투를 치르는 경우가 종종 있다. 2차 대전 중 미군은 노르망디가 아닌 프랑스 최북단에 위치한 도시, 파 드 칼레를 통해 프랑스 상륙 작전을 펼칠 거라고 은근슬쩍 정보를 흘렸다. 그리고 독일군으로 하여금 그 정보를 믿게 하려고, 패튼 장군에게 도버에서 있지도 않은 상상 속의 탱크 부대를 지휘하도록 지시했다.

군대의 역사는 이 같은 속임수들로 가득 차 있다. 이와 매우 유사한 전술이 비즈니스에도 그대로 적용될 수 있다. 마이크로소프트와 애플 사이에서 일어났던 갈등의 역사를 들여다보면 이러한 전술을 한눈에 알아볼 수 있다.

마이크로소프트는 IBM 퍼스널 컴퓨터용으로 최초의 표준화된 DOSDisk Operation System를 개발했다. 하지만 실제로 마이크로소프트는 그것을 개발하지 않았고, 단지 구매했다. 이와 관련된 이야기는 그 자체로 연구해 볼 가치가 있다.

DOS는 오늘날 대부분의 사람들에게 익숙한 그래픽 운영 시스템과는 상당히 다른 명령어 운영 시스템이다.

퍼스널 컴퓨터 비즈니스 부문에는 애플이라는 경쟁업체가 있었다. 운 좋게 매우 적은 비용으로 마우스와 그래픽 유저 인터페이스 GUI 기술을 제록스에서 인수한 애플 컴퓨터는, 마이크로소프트가 그들에게는 더 이상 위협적인 존재가 아니라고 생각했다. 마이크로

소프트가 애플의 매킨토시에서 사용되는 소프트웨어를 개발했지만, 그때까지만 해도 애플은 기술력에서는 자신들이 최고라고 자신만만했다.

애플은 GUI에 기초한 운영 시스템과 그것에 의해서 작동되는 컴퓨터까지 가지게 되었다. 마이크로소프트는 그때까지만 해도 IBM 컴퓨터에서 사용되는 좀 질이 떨어지는 명령어 운영 시스템을 개발한 소프트웨어 개발 업체에 지나지 않았다.

빌 게이츠는 매킨토시에 적합한 소프트웨어를 계속 개발해 나갔고, 애플의 CEO인 스티브 잡스는 빌 게이츠가 위협적인 인물이 될 거라고는 꿈에도 생각하지 않았다. 그러나 빌 게이츠는 엄청난 프로젝트, 즉 마이크로소프트 윈도우를 은밀하게 계획하고 있었다. 바로 이것이 IBM 컴퓨터에서 사용될 GUI에 기초한 운영 시스템이었다.

스티브 잡스는 이 같은 사실을 꽤 오랜 시간이 지난 다음에야 알게 되었다. 어느 날 밤, 스티브 잡스는 빌 게이츠를 자신의 사무실로 불러 그가 지금 하고 있는 일이 무엇인지를 단도직입적으로 물었다.

빌 게이츠는 자신이 만들고 있는 윈도우 프로그램은 애플에 전혀 위협이 되지 않을 뿐더러 매킨토시와는 경쟁이 되지 않는다고 말했다. 사실 윈도우는 운영 시스템이 아니라 DOS상에서 운영되는 조금 새로운 프로그램에 지나지 않았다. 물론 스티브 잡스는 이 같은 거짓말에 깜빡 속고 말았다. 빌 게이츠는 세계 최고의 부자가 되었고, 애플 컴퓨터는 예술가나 음악가, 스스로 특별하다고 생각하는 사람들을 고객으로 하는 비교적 작은 틈새시장을 차지하는 컴퓨터 기업으로 발전했다.

그렇다고 스티브 잡스를 무시하지는 말라. 그는 확실히 비전을 가지고 있으며, 그가 애플을 운영해 나가는 방법은 대단히 인상적이다. 그러나 중요한 것은 빌 게이츠가 전략적으로 앞섰을 뿐만 아니라, 천하의 스티브 잡스를 놀라게 했다는 것이다.

이처럼 군대 원리를 비즈니스에 적용하여 좋은 결과를 얻을 수 있는 것은 비즈니스 세계가 전장과 매우 흡사하기 때문이다. 그러나 다른 많은 영역에서도 이와 유사한 일들이 일어나고 있다. 누군가에게 제품을 판매하거나, 특별한 영화를 보라고 권하거나, 친구가 되자고 제안할 때 당신은 끊임없이 상대방에게 확신을 심어 주어야 한다.

이제는 부록 A에서 말하고자 하는 바를 충분히 이해했을 것이다. 거절할 수 없는 제안을 어떤 유형의 '판매'에 적용하든지 매우 흥미로운 결과를 얻을 수 있다.

자녀들에게 보다 좋은 영향을 미치는 부모가 되겠다는 목표를 가지고 이 책을 읽는다면 어떨까? 이러한 아이디어를 실생활에서 어떻게 응용해야 할까? 다음의 몇 가지 단서를 이용하면 이 책의 내용을 보다 쉽게 파악할 수 있을 것이다.

3초

사람들은 제품이나 서비스와 마찬가지로 당신에 대해서도 3초 안에 판단을 내리고 있다.

당신은 친구로서 손색이 없는 사람인가?
당신은 친절한 사람인가?
당신과 연인이 될 수 있을까?
당신을 신뢰할 수 있을까?
이 사람과 그 차에 대해서 거래를 할 수 있을까?

자신을 어떻게 표현하느냐에 따라 3초 안에 좋은 인상을 심어 줄 수도 있고, 좋지 않은 인상을 심어 줄 수도 있다. 3초라는 짧은 시간을 제대로 이용하는 방법을 아는 사람은 극소수에 불과하다. 많은 사람들이 자신을 운명에 맡기고, 운명이 유리하게 전개되지 않을 경우에는 "하늘은 내 편이 아니야"라고 말한다.
하지만 누구나 노력을 통해 운명을 자신의 편으로 만들 수 있다.

4가지 핵심 질문

4가지 핵심 질문을 기억하고 있는가? 당신이 누군가를 처음 만났는데, 그 사람이 4가지 핵심 질문을 마음속에 품고 있다고 생각해 보자.

당신이 내게 판매하려고 하는 것이 무엇인가?

사람들은 누구나 자신만의 기준을 가지고 있다. 그리고 당신과의 관계에서도 그 기준에 따라 행동한다.

만나자마자 바로 관계를 맺고 싶어하는 사람들이 있다. 진실한 친구가 되고 싶다고 슬쩍 거짓말을 한 다음에 "여동생을 소개받고 싶은데"라고 나중에 진짜 속내를 말하는 사람들도 있다.

인간 관계에서 원하는 것이 있을 경우, 당신이 아닌 다른 무엇이 되려고 시간을 낭비하지 말라. 세일즈맨으로서 제품에 대해서 설명해야 할 경우, 상대방이 당신이 판매하고 있는 제품에 맞는 잠재 고객인지를 신속하게 파악하라.

많은 사람들이 본래의 자기 모습이 아닌 다른 모습을 판매하려고 많은 시간을 낭비한다. 첫 거래에서는 상대방을 속일 수 있다. 하지만 분명한 것은 그럴 경우 두 번째 잔은 팔지 못한다는 것이다. 만일 두 번째 잔을 판다고 해도 그것은 당신이나 고객에게 불행한 두 번째 잔밖에 되지 않는다.

그것은 얼마인가?

당신이 판매하는 것이 무엇이냐에 따라 돈을 지불하지 않아도 되는 경우가 있을 수도 있다. 그러나 언제 어디서나 비용은 들게 마련이다.

간혹 아무것도 원하지 않는 것처럼 가장하고 작가인 내게 접근

해 오는 사람들이 있다. 얼마 전에 '신경 언어 프로그래밍' 전문가라는 사람이 찾아와 내 책을 선전하는 데 도움을 주고 싶다며 서툴고 어색한 표현으로 나를 설득한 일이 있었다. 고통스런 대화가 길게 이어지던 중에 나는 마침내 정작 그가 무엇을 원하는지, 그리고 그가 내 질문을 자주 회피하는 이유를 알아냈다. 그는 내 책을 광고해 주려는 것이 아니라 오히려 내 고객들에게 자신의 제품을 광고하고 싶어했다.

사실 그와 대화를 나누며 쓴 비용은 시간이 전부였다. 그러나 내게 돌아오는 것이 전혀 없었기 때문에 나는 귀중한 시간을 낭비한 것이 되었다.

거절할 수 없는 제안을 하기 위해서는 먼저 상대방에게 감정적인 에너지를 요구하지 않고 편하게 대하면서 신뢰를 주어야 한다.

그래서 내가 얻는 것은 무엇인가?

누군가를 친구나 연인으로 선택했다면 당신은 어떤 이득을 누리게 될까? 당신은 누군가의 연인이 되었으면 하는 마음을 품은 적이 있을 것이다. 만일 당신에게 이런 제안을 한다면 당신은 어떻게 말할 것인가?

당신은 당신 자신이 어떤 이득을 누릴지 계산하고 판단할 것이다. 당신은 외모나 다른 속물적인 척도로 사람을 판단하지 않을 수도 있다. 당신은 성실하고 정직한 사람을 좋아할지도 모른다. 이제 무슨 말인지 알겠는가? 바로 그것이 당신이 이득을 누리는 방법이다. 그것이 당신에게 돌아오는 이익이다. 길거리에서 만난 사람이라도 이 같은 기준에 맞는다는 생각이 들면 당신은 그 제안을 받아들일 가능성이 높다. 만일 그렇지 못하다면 당신은 그 사람을 받아들이지 않을 것이다. 당신에게 돌아오는 것이 없기 때문이다.

제안은 의심스런 설득을 해결하는 수단이다

지금까지 배운 제안의 원리를 숙지하면 좀 더 객관적으로 상황을 이해할 수 있고 성급한 판단과 그로 인한 후회를 막을 수 있다. 뒤가 켕기는 거래자는 당신이 거래로 인해 받게 될 피해나 자신이 의도하는 것을 절대로 전면에 드러내지 않는다. 그는 당신으로 하여금 자신을 신뢰하도록 은근히 압력을 가한다. 만약 당신이 그를 의심하면 그는 몹시 기분 나빠할 것이다.

그가 은근히 비친 말들에 대해 당신이 의심나는 것들을 물으면, 그는 "아, 그건 당신이 오해한 거예요. 나는 절대로 그렇게 약속한 적이 없어요"라는 식의 말을 늘어놓을 것이다. 표면상으로는 그의 말이 하나도 틀리지 않고 맞는 것처럼 보인다. 그는 한 번도 당신에게 약속을 하지 않았고, 당신 또한 명확한 제안을 해달라고 말하지 않았다. 따라서 어떻게 생각하면 속은 것은 당신의 실수이다. 이렇게 슬쩍 발을 빼는 녀석은 사기꾼임에 틀림없지만, 자신을 방어하지 못한 책임은 고스란히 당신에게로 돌아온다.

나는 항상 사람들에게 다음과 같은 질문을 한다.

"이 거래가 정확히 무엇을 말하는가?"

"당신은 무엇을 제안하고 있는가?"

당신이 받은 제안이 명확하지 않다면, 더 이상 머무르지 말고 재빨리 도망쳐라. 명확한 제안을 하지 않는 사람들이 모두 나쁘다고 말하는 것은 아니다. 그들은 단지 혼란을 줄 뿐이다. 하지만 그들은 당신의 비즈니스에 좋지 않은 영향을 미친다.

누군가가 당신에게 제안을 할 경우, 그것이 어떤 제안인가를 정확하게 파악하라. 그리고 그것이 다음 기준에 맞지 않을 경우에는 절대로 받아들이지 말라.

1_ 거래는 언제나 퀴드 프로 쿠오(quid pro quo)나 윈윈(win/win)이어야 한다.
많은 사람들이 일방적인 거래를 하려는 유혹에 빠지곤 한다. 자신은 이익을 누리면서 상대방은 전혀 이익을 누리지 못하는 거래를 아무렇지도 않게 생각하기도 한다. 하지만 상대방은 그 같은 거래 때문에 기분이 좋지 않아 당신을 욕하거나, 자신의 권리를 찾기 위해 행동을 취할 것이다.
그런데 문제는 상대방이 그것에 대한 보상으로 당신에게도 불공정한 거래를 요구할 거라는 사실이다. 상대방은 감정이 상할 대로 상해 있어 그 이상의 보상을 원하게 된다.

2_ 거래를 통해 목적을 실현할 수 있어야 한다.
나는 거래를 한 다음에 우정 때문에 필요 없는 거래를 한 것 같아 부담을 느끼거나, 혹시 거절함으로써 상대방의 감정을 상하게 한 것은 아닌지 두려웠던 적이 있다.
거래를 거절하는 건 절대로 잘못이 아니다. 상대방이 거래를 하자고 고집을 부리거나 화를 내더라도 그건 그 사람의 문제이다. 당신은 그 사람의 심리를 파악해서 치료해 주는 심리치료사가 아니다. 상대방의 제안이 당신의 삶의 목적이나 목표를 실현시키지 못한다면 거래는 공정하다고 할 수 없다. 다만 당신의 시간을 빼앗은 것밖에 되지 않는다.
당신 자신의 목표나 목적이 무엇인지 모른다면 먼저 그것이 무엇인가를 확실히 해야 할 필요가 있다. 삶에서, 비즈니스에서, 우정에서 당신이 무엇을 원하는지 모른다면 헛수고만 계속해서 하게 될 것이다.

3_ 직감적으로 '이건 올바른 행동이야'라는 생각이 들어야 한다. 이에 대해서는 딱히 이성적인 설명이 불가능하다. 많은 사람들이 겉으로는 드러내지 않지만 은밀하게 직감에 귀를 기울이고 있다. 직감에 주파수를 맞추고 그것을 따르라. 직감에 따라 행동하라. 당신의 직감이 맞는지 먼저 작은 것부터 시험해 본 다음에 자신 감을 얻으면, 좀 더 큰 일에 대해서도 시도하라.

내가 왜 당신을 믿어야만 하는가?

당신은 다른 사람들이 원하는 어떤 것을 제공하고 있다. 그다지 비용이 많이 들지도 않는다. 사람들은 당신에게서 꽤 괜찮은 것을 얻을 수 있을 것이다.

그런데도 상대방은 당신의 제안이 겉으로 보이는 것과는 전혀 다를 수 있지 않을까 의심을 갖게 된다. 당신은 자신도 모르는 사이에 삶에서 이루어지는 많은 거래에 방해가 되는, 신뢰를 무너뜨리는 몇 가지 신호를 보내고 있을지도 모른다.

시금석

"안녕하세요, 저는 마크 조이너입니다. 저는 30분 이내에 당신의 키스를 할 것입니다. 그렇지 못하면 비용을 비불하지 않아도 됩니다."

글쎄, 이 제안은 받아들여질 것 같지 않다. 제품이 아니라 자기 자신을 판매하기 위한 시금석은 이와는 조금 다른 형태를 띤다.

당신이 전문적인 세계에 종사하고 있다면 자신의 제안에 대해 조금 오만한 태도를 취할 수도 있는데, 그렇다고 해서 문제될 것은 없다. 그런데 비즈니스 세계가 아닌 다른 세계에서는 당신의 접근 방식이 조금은 간접적이어야 한다. 어쩌면 이는 세상의 본질에 위배되는 위선적인 행위인지도 모른다. 나아가 사회가 우리에게 강압하는 독단적인 규칙인지도 모른다. 아무튼 개인적으로 접촉하고 만남을 가질 경우에는 제안을 보다 미묘하게 전달해야 한다. 물론 자신의 제안이 내포하는 본질에 대해서는 솔직해도 좋다. 하지만 막무가내로 다른 사람에게 제안을 던지는 것은 옳지 않다. 전후 상황에 따라 다르겠지만 말이다.

당신의 시금석은 밈의 성격을 가지고 있다. 따라서 사람들은 당신을 처음 만나면 여러 가지 정보를 묶어 하나의 덩어리, 즉 당신을 밈으로 표현한다. 누군가를 처음 만나면 나는 나의 외모, 자세, 얼굴 표정, 옷차림, 의상, 내 입에서 나오는 첫마디를 철저하게 인식한다. 이 모든 것이 하나가 되어 마크 조이너의 밈이 된다.

당신이 원하는 것에 따라서 당신의 밈은 당신의 목적을 실현해 줄 수도 있고 그렇지 않을 수도 있다. 화끈한 데이트를 하고 싶다면, 당신은 '세일즈맨으로서 나를 믿어'라는 밈에서 다른 밈으로 전환해야 한다. 이들 요소를 어떻게 조정하는가 하는 문제는 전적으로 주관적이다.

나는 당신의 시금석이 어떤 것이든 신경 쓰지 않는다. 다만 당신은 '시금석이 나의 목적을 실현시켜주는가?'라고 스스로 물어볼 정도로 현명해야 한다. 당신의 시금석이 사람들에게 '외모만 신경 쓰는 건방진 왕자병 환자'라고 말한다면, 그 시금석은 당신의 목적을 실현시켜 주지 못할 것이다.

실제로 대부분의 사람들이 세상에 투사하고 있는 이미지는 진짜 이미지와는 거리가 멀다. 할리우드 영화 등으로 인해 왜곡된 이미지를 갖거나 실제 자신이 추구하는 가치와는 거리가 먼 가치를 스스로에게 주입했기 때문이다.

하지만 본인의 의지와 상관없다 하더라도 이들이 선택한 시금석은 그들 자신의 것이기 때문에, 그들이 무엇을 어떻게 하는지에 대한 몇 가지 단서를 제공한다. 즉, 항상 고장 난 기차처럼 보이는 사람이 있다면 그의 삶은 실제로 상당히 어려움을 겪고 있을 것이다. 당신도 삶이 힘든 경우에는, 설령 당신이 세상에서 제일 깔끔해 보이던 사람일지라도 고장 난 기차처럼 보일 수가 있다.

높은 투자 수익 제안

당신이 제공하는 것이 비용에 비해 훨씬 큰 수익을 가져온다면 사람들은 당신이 팔고 있는 것을 기꺼이 구매할 것이다.

너무 쉽게 말하는 것처럼 느껴지는가? 당신 자신을 판매한다는 가정이 너무 인위적이라고 생각하는가? 아니, 그렇지 않다. 이러한 관점으로 삶을 들여다보면 다른 어떤 관점을 가질 때보다도 높은 차원에서 삶을 영위해 나갈 수 있다.

신뢰성

다시 한 번 말하지만, 당신의 제안은 어느 정도의 신뢰성을 확보하고 있어야 한다. 당신이 제공하고 있는 것이 너무나 근사해서 믿어지지 않을 경우 상대방은 즉시 의구심을 가지고 당신을 대하게 된다. 당신의 버릇, 외모 등 당신의 밈을 구성하는 요인들은 하나같이 다른 사람들이 당신의 신뢰성을 평가하는 데 중요한 역할을 한다.

몇 년 전에 내게 광고를 의뢰하려는 기업을 찾아간 적이 있다. 이틀 동안 그 기업은 모든 일을 완벽하게 처리했다. 내가 떠나는 날 아침에, 그 기업의 사장은 몸소 차를 몰고 나를 공항까지 데려다 주었다.

그런데 그는 나와의 거래를 무산시키는 한 마디 말을 했다. 그는 5만 달러라는, 그 기업으로서는 얼마 되지 않는 돈을 내게 제의했다. 그런 제의를 받자 다음과 같은 생각이 들었다.

1_ 그 기업은 내가 생각하는 만큼 재정이 충분하지 못한가?
2_ 아마도 그 기업은 나와의 관계에서 정말 원하는 것에 대해 내게 솔직하지 못한 것 같다.

신뢰성을 해치는 조그만 행동 하나로 인해 거래가 무산되었다.

당신이 하는 말과 행동은 전부 다른 사람들과 당신의 사회적 관계에 영향을 미칠 수 있다는 점을 깊이 새겨야 할 것이다.

거절할 수 없는 제안을 전달하는 비법

비법을 구성하는 요소들을 기억하고 있는가?

1_ 거절할 수 없는 제안을 만들어라.
2_ 그것을 목마른 많은 사람에게 제시하라.
3_ 첫 번째 잔을 산 사람에게 두 번째 잔을 팔아라.

위의 3가지 규칙에 따라 성심껏 거절할 수 없는 제안을 했다면, 당신은 이미 상대방에게 두 번째 잔을 권한 것이다. 그런데 왜 사람들은 당신이 제공하는 것을 계속해서 원하지 않는 것일까?

당신은 어디에 가면 어떤 사람들을 만날 수 있는지 미리 짐작해 볼 수 있다. 이를테면 자선 관련 프로젝트를 지원해 줄 사람을 찾기 위해 해변으로 가지는 않을 것이다. 아이들에게 꼭 필요한 새엄마를 스트립 바에서 찾지는 않을 것이다.

이 정도면 무슨 말을 하려는지 알 것이다. 목마른 사람들이 있는 곳에 가서 당신의 제안을 솔직하게 이야기하라. 그러면 손쉽게 잠재 고객을 찾아낼 수 있다.

하지만 고객이 미리 정해진 경우에는 이 방법을 적용할 수 없다. 이를 당신 자녀나 당신 친구에게 적용할 수 있을까? 물론 적용할 수 없다. 하지만 그 같은 관계에서 당신이 제공하는 것이 진정으로 당신의 관심(가족간의 사랑, 친구간의 우정)을 충족시킬 경우에는 그들에게 두 번째 잔을 권할 수 있다. 문제는 당신이 자신의 관심에만 신경을 쓰는 까닭에 사랑하는 사람들이 원하는 것을 충족시켜 주지 못한다는 것이다.

세계 최고의 설득 비결

이 비결을 이해한다면 당신은 더 이상 설득을 다룬 다른 책을 보지 않아도 상대방을 설득하고, 삶에서 많은 것들을 실현할 수 있을 것이다.

나는 오랫동안 설득에 대해서 공부해 왔고, 이와 관련해 많은 책을 저술했으며, 다양한 환경에서 설득이 어떻게 효과를 발휘하는지를 직접 눈으로 보아 왔다.

나는 이제부터 살펴보려는 하나의 기본 구조야말로 설득의 원리를 설명하는 가장 핵심적인 것임을 자신 있게 말할 수 있다.

미술관에서 그림을 감상하고 있다고 가정해 보자. 그림을 보면 무슨 생각이 드는가? 먼저 그 작품이 미술관에 있을 정도로 가치가 있다는 생각이 들 것이다. 그것은 이미 미술관에 있기 때문이다.

거리의 화가가 지나가는 사람들에게 판매하고 있는 그림을 보면 무슨 생각이 드는가? 미술관에 있는 작품과는 다르다는 생각이 드는가? 가치 있는 작품이라면 길거리에서 팔고 있지는 않을 것이라는 생각이 드는가?

나는 여자들이 좋아하는 영화인 〈25살의 키스Never Been Kissed〉

에서 이 원칙을 새삼 확인하게 되었다.

드루 배리모어는 요즘 10대들의 생활이 어떤지 취재할 목적으로 자신의 신분을 숨기고 몰래 고등학교에 잠입하는 기자역을 맡았다. 배리모어가 맡은 캐릭터는 유행에 뒤떨어지는 촌스러운 학생이었다. 그런데 고등학교 시절 인기 있는 야구선수였지만, 성공하지 못한 그녀의 오빠가 동생을 돕기 위해 함께 학교를 다니게 된다. 얼마 지나지 않아 교내에서 가장 인기 있는 학생이 된 오빠는 동생의 자존심을 회복해 주려고 한다.

그래서 모든 사람들에게 한때는 그녀가 자신의 여자 친구였는데 자신을 차버렸다고 거짓말을 했다. 그는 그녀가 정말이지 대단하다고 숭배하듯이 말했고, 그 순간부터 그녀는 다른 학생들에게 멋진 여학생으로 인정을 받게 되었다.

그는 이렇게 말했다.

"조시(드루 배리모어), 쿨하게 보이고 싶으면 쿨한 녀석들이 너를 좋아하도록 만들어야 하는 거야."

멋진 사람이 당신을 좋아한다면 사람들은 당신 또한 멋질 것이라고 미리 판단하게 된다. 한편 사람들이 멋지다고 하는 그 사람도 사실은 알고 보면 여느 사람과 같이 평범하다. 그러한 사실이 밝혀지지 않아 자신의 약점이 드러나지 않은 걸 다행이라고 생각하는 것뿐이다. 이는 정말이지 그럴 듯한 분석이다.

입소문

사람들이 당신에게서 진정으로 원하던 것을 얻는다면, 당신이 판매하고 있는 것이 무엇이든지 그것은 널리 퍼지게 마련이다. 그러나 자기 자신을 판매해야 할 경우에는 약간 다르다. 사람들이 당신을 위해 당신의 밈을 퍼뜨릴 방법은 없기 때문이다. 하지만 사람들은 당신의 이름을 유포시킬 수는 있다.

일단 어떤 사람을 신뢰하게 되면 그에 대한 정보는 전혀 문제 삼지 않고 자연스럽게 받아들이게 된다. 이러한 힘을 이해하지 못한다면 당신 자신의 마음에 좀 더 주의를 기울이라고 강력하게 권하고 싶다. 당신의 믿음이 자신의 의견에 어떠한 영향을 미치는지 한번 들여다보라.

당신의 정치적 성향은 어떤가? 당신의 의견에 반대하는 사람들이 말할 때는 당신은 어떻게 반응하는 편인가?

또한 선입견이 어떤 식으로 영향을 미치는지 주의를 기울여라. 당신이 선택한 사람들과 함께 재미있는 실험을 해보라.

1_ 당신이 살고 있는 곳에서 멀리 떨어진 곳으로 가라.
2_ 5명의 젊은 사람들에게 뒤에 따라오라고 한 뒤 클럽에서 아무나 붙잡고 대화를 하라.
3_ 대화를 나누고 있는 사람들에게 나중에 올 친구는 유명한 영화 제작자라고 말하라. 그리고 그 다음으로 올 친구는 폭력범으로 얼마 전에 출소했다고 말하라.
4_ 그 말에 사람들이 어떤 반응을 보이는지 지켜보라.

잠시 기다려라. 어쩌면 별 다른 문제없이 상황이 전개될 수도 있을 것이다. 이제 앞에서 살펴본 기본 구조가 갖는 힘이 보이지 않는가?

사전에 적절한 기본 구조를 가지고 있을 경우, 당신의 목적을 달성하기 위해 굳이 다른 설득 요령을 가질 필요가 없다.

이와 같은 이유로 입소문은 마케팅에서 가장 강력한 형태를 띤다.

경고 : 이러한 원리를 처음 배운 사람 중에는 사람들을 속이기 위해 이를 악용하는 사람들도 있다. 하지만 당신이 거짓말을 하고 있다는 사실을 사람들이 알면 당신은 두 번째 잔을 잃을 뿐만 아니라, 입소문으로 인해 당신의 삶은 부정적인 영향이 받게 될 것이다.

부록 B
세일즈맨을 위한 충고

대부분의 세일즈맨들은 거절할 수 없는 제안 없이 제품이나 서비스를 판매해야 한다. 이런 경우 무력감을 느낄 수 있다. 그러나 절망할 필요는 없다. 당신의 결과를 눈에 띄게 향상시켜 줄 아이디어를 적용할 수 있는 방법은 여전히 많기 때문이다.

다음의 고려 사항을 지침으로 삼아라.

│ 1. 당신이 처음으로 판매하는 제품은 당신 자신이라는 점을 명심하라 │

고객은 당신에게서 제품을 구매하기 전에 먼저 당신을 구매해야 한다. 이는 모든 마케팅의 기본이자 핵심이다.

2. 당신의 시금석은 무엇인가?

당신의 시금석은 판매를 유도하는 것인가, 그렇지 않은 것인가?

예전에 가발 회사(나는 대머리가 되어 가고 있어서 그 문제를 해결해야 했다)에 전화를 걸었는데, 상담을 하려면 직접 찾아오라고 했다.

일반적으로 이러한 기업은 전화상으로는 많은 말을 하지 않고, 구매를 유도하기 위해 고객을 사무실로 부르는 경우가 많다.

나는 내심 세련되고 전문적인 조언을 받지 않을까 하는 기대감을 가지고 가발 회사를 찾아갔다. 그런데 그런 기대는 물거품처럼 사라지고 말았다. 그저 깜짝 놀랄 뿐이었다. 나를 반겨 준 사람은 그 회사의 세일즈맨이었는데, 가발을 뒤집어쓴 모습이 참으로 우스꽝스러웠다. 그를 보자마자 상담이고 뭐고 받을 필요가 없다는 생각이 들었으나, 나는 그 자리에서 꼼짝하지 않은 채 일단 그에게 기회를 주긴 했다. 그러나 그것은 시간 낭비에 불과했다.

당신의 잠재 고객에게 그가 원하지 않는 것을 강요해서는 안 된다. 당신은 물건을 팔기에 앞서 가장 먼저 정직한 마음과 고객에 대한 존경심을 가져야 한다.

거절할 수 없는 제안을 갖고 있는 경우

만일 그렇다면 당신은 운이 좋고 축복을 받았다고 생각하라. 당신은 제품이나 서비스를 손쉽게 판매할 수 있을 것이다. 솔직히 당신은 마음의 준비가 되어 있지 않은 수많은 잠재 고객을 찾아가 일일이 설명하고 싶은 마음은 없을 것이다.

고객의 질문에 정직하게, 그리고 도움이 될 수 있는 답을 하라.

부록 B 세일즈맨을 위한 충고　209

본인 스스로에게 당신의 제품이 이 고객에게 도움이 되는지를 묻고 그 사실을 명확하게 전달하라. 당신의 제품이 잠재 고객에게 도움이 되지 않는 것이라면, 재빨리 입소문을 만들어 줄 다음 잠재 고객을 찾아가라.

거절할 수 없는 제안이 없는 경우

먼저 이 책을 마케팅 책임자와 CEO에게 선물로 주어라. 당장 효과를 보지는 못하겠지만 적어도 1년 후에는 성과가 있을 것이다.

회사의 분위기가 얼마나 관료적인가에 따라 어느 정도 시간 차이는 있겠지만, 분명 당신은 보다 쉬운 업무와 보다 많은 수익에 만족해 할 것이다.

어떤 상품이나 서비스를 갖고 있든 자기 자신을 판매해야 한다는 사실을 기억하라. 그 다음에, 자신만의 거절할 수 없는 제안을 만들 수 있는가를 분석하라. 당장 당신의 제품에 필요한 거절할 수 없는 제안을 만들고, 그것을 잠재 고객에게 사용해 보라. 틀림없이 월급이 인상되고 승진도 하게 될 것이다.

감사의 글

이 책은 상당히 많은 사람들의 도움에 힘입어 출간되었다. 먼저 나에게 통찰력을 제공해 주고, '거절할 수 없는 제안'이라는 마케팅 방법을 발견할 수 있도록 단서를 준 수많은 비즈니스, 마케팅 책의 저자들에게 감사드린다. 이 책의 상당 부분은 과거의 마케팅 방법에 대해 적대적 자세를 견지하지만, 이 책 역시 그 마케팅 방법들에 바탕을 두고 있음을 부인할 수 없다. 나 역시 '거절할 수 없는 제안'의 전 세대에 속한다. 따라서 기존 마케팅 방법들에 관한 부정적 시각은 바로 나에게로 향한 것이다. 이 분야에 종사하는 동료들도 과거의 마케팅은 이미 그 효력을 상실했다는 사실을 이해하고, 나아가 '거절할 수 없는 제안'이 21세기 마케팅의 새로운 대안으로서 기능할 것이라는 생각을 가지게 되길 바란다.

내게 값진 통찰력 제공하고 아낌없이 지원해 준 저자들과 비즈니스 관계자, 마케팅 전문가들을 모두 기록하는 것은 불가능하다. 따라서 여기에서는 '스스럼없이 지내는 친구들'과 이 책을 집필하는 데 상당한 영향을 미친 사람들만 언급할 수밖에 없음을 밝혀둔다.

가장 먼저 나에게 실질적인 도움을 준, 나와 같은 길을 걸었던 다이렉트 마케터들에게 감사의 말을 전한다. 정직하고, 성실하며, 활기 넘치는 자세로 항상 내게 자극을 준 테드 니콜라스, 나의 정신세계에 커다란 영향을 준 개리 벤시벤가, 마케팅과 관련해 값진 대화를 나누었던 매우 명석하고 깔끔한 외모의 개리 할버트에게 감사의 마음을 전한다.

다음으로 부단히 유용한 정보를 찾아다니는 인터넷 마케터들에게 고마운 마음을 전한다. 항상 형제처럼 지내는 절친한 친구 매트 질과 케빈 윌크, 이번 전투를 위해 평일에 한번, 일요일에 두 번, 기꺼이 내 참호로 와주었던 조 비테일, 정말이지 멋진 친구인 마이크 머츠, 폴 마이어스, 차덴 베이츠에게 감사의 마음을 전한다. 톰 앤션, 톰 우드, 마이크 필세임, 러셀 브런슨, 조시 앤더슨, 숀 케이시, 브레트 레이드매처, 킴벌리 고든, 크레이그 페린, 롭 파이터, 미셸 포틴, 짐 플렉, 닉 템플, 프랭크 멀런, 코리 로들에게도 고마운 마음을 전한다.

그리고 나와 직간접적으로 관계를 맺고 있는 비즈니스 관계자들에게 고마운 마음을 전한다. 우정은 물론이고 미래에 대한 비전을 공유한 아메리칸 컨서버토리 오브 뮤직American Conservatory of Music의 회장인 오토 폰 슐츠, 끊임없이 친절을 베풀어 준 메리 마즐로, 웨이메이커^{Waymaker}에 근무하는 뛰어난 직원들에게 고마운 마음을 전한다. 당신들이 지켜 나가고 있는 고결한 비전은 머지않아 실현될 것이라고 확신한다. 전에 내가 경영했던 직장의 모든 직원들, 특히 지금까지도 남아 있는 버지니아, 톰, 케빈, 타나즈, 토니, 루인에게 감사의 마음을 전한다.

절친한 친구와 가족에게도 감사의 마음을 전한다. 짐, 두 명의 사라, 브랜드, 브룩, 모건, 보웬, 아버지, 그리고 고인이 된 어머니, 샘, 벨린다, 캐롤린, 버논, 리사, 존, 에리카, 카일리, 조, 베스, 마이크, 니콜, 해리, 그라시엘라, 크리스티안, 케렌사, 필, 마크, 크리스틴, 안나, 린지, 짐, 엘리자베스, 디모 부부, 선, 존, 수현 등에게 고마운 마음을 전한다.

이 책 출간을 위해 많은 도움을 준 와일리^{Wily} 출판사의 직원인 매트, 타마라, 섀넌, 마이클에게 감사의 마음을 전한다. 이들의 믿을 수 없을 만큼의 인내, 지원, 격려에 힘입어 이 책이 나오게 되었음을 이 자리를 빌려 밝힌다.

가장 어려웠던 시기에 통찰력을 제공해 준 LA의 신부님들에게 특별한 감사의 정을 전한다. 최고의 자리에 있을 때나 시련을 겪을 때나 변함없이 큰 힘이 되어 준 자금을 담당한 릴리, 물심양면으로 지원을 아끼지 않은 안나에게 고마운 마음을 전한다. 나를 계속해서 믿어준 점에 대해, 도덕적으로 지원을 아끼지 않은 점에 대해, 항상 따뜻한 미소를 보내준 점에 대해서도 감사의 마음을 전한다. 마지막으로 약혼녀인 S에게 고마운 마음을 전한다. 당신이야말로 여전히 나의 천사이다.

거절할 수 없는 제안

1판 1쇄 인쇄 2006년 7월 11일
1판 1쇄 발행 2006년 7월 19일

지은이 | 마크 조이너
옮긴이 | 임정재
발행인 | 박근섭
펴낸곳 | 민음사출판그룹 (주) 황금나침반

출판등록 | 2005. 6. 7. (제16-1336호)
주소 | 135-887 서울 강남구 신사동 506 강남출판문화센터 4층
전화 | 영업부 (02)515-2000 / 편집부 (02)514-2642 / 팩시밀리 (02)514-2643
홈페이지 | www.gdcompass.co.kr

값 12,000원

ISBN 89-91949-68-1 03320